UNIVERSITY OF NORTH CAROLINA
STUDIES IN THE ROMANCE LANGUAGES AND LITERATURES
Number 55

BERNARD LE BOVIER DE FONTENELLE
NOUVEAUX DIALOGUES DES MORTS

BERNARD LE BOVIER DE FONTENELLE
NOUVEAUX DIALOGUES DES MORTS

EDITED WITH AN
INTRODUCTION AND NOTES

BY

DONALD SCHIER

CHAPEL HILL
THE UNIVERSITY OF NORTH CAROLINA PRESS

DEPÓSITO LEGAL: V. 1.546 - 1965

PRINTED IN SPAIN

ARTES GRÁFICAS SOLER, S. A. — VALENCIA, 1965

NOTE

It is a pleasure to express here my thanks to the trustees and officers of Carleton College who granted me a sabbatical leave during which most of the work on this edition was done, and who also helped me meet some editorial expenses.

D. S.

TABLE OF CONTENTS

	Page
INTRODUCTION	11
LIST OF EDITIONS	25
A LUCIEN AUX CHAMPS ELYSÉES	27

DIALOGUES DES MORTS ANCIENS

I. Alexandre, Phryné	31
II. Milon, Smyndiride	35
III. Didon, Stratonice	39
IV. Anacreon, Aristote	43
V. Homère, Esope	47
VI. Athenais, Icasie	50

DIALOGUES DES MORTS ANCIENS AVEC LES MODERNES

I. Auguste, Pierre Aretin	54
II. Sapho, Laure	59
III. Socrate, Montaigne	63
IV. L'empereur Adrien, Marguerite d'Autriche	68
V. Erasistrate, Hervé	74
VI. Bérénice, Cosme II de Médicis	78

DIALOGUES DES MORTS MODERNES

I. Anne de Bretagne, Marie d'Angleterre	82
II. Charles V, Erasme	87
III. Elisabeth d'Angleterre, le Duc d'Alençon	92
IV. Guillaume de Cabestan, Albert-Frédéric de Brandebourg	95
V. Agnès Sorel, Roxelane	99
VI. Jeanne I de Naples, Anselme	104

DIALOGUES DES MORTS ANCIENS

I. Hérostrate, Démétrius de Phalère	109
II. Callirhée, Pauline	113
III. Candule, Gigès	117
IV. Hélène, Fulvie	121
V. Parménisque, Théocrite de Chio	125
VI. Brutus, Faustine	130

Dialogues des morts anciens avec les modernes

		Page
I.	Sénèque, Scarron	134
II.	Artemise, Raimond de Lulle	139
III.	Apicius, Galilée	143
IV.	Platon, Marguerite d'Ecosse	147
V.	Straton, Raphael de Urbin	152
VI.	Lucrèce, Barbe Plomberge	157

Dialogues des morts modernes

I.	Soliman, Juliette de Gonzague	162
II.	Paracelse, Molière	166
III.	Marie Stuart, David Riccio	171
IV.	Le Troisiéme Faux Démétrius, Descartes	175
V.	La Duchesse de Valentinois, Anne de Boulen	179
VI.	Fernand Cortez, Montézume	183

Jugement de Pluton sur les deux parties des nouveaux dialogues des morts

Premiere Partie ... 189
Lettre des vivants aux morts ... 203
Seconde Partie ... 209

A Pluton

Requête des morts désintéressés ... 223

INTRODUCTION

Dialogues of the dead as a literary genre have tempted many writers as far apart in time as Lucian of Samosata and George Santayana. The history of the dialogue form, of which dialogues of the dead constitute a sub-division, has been traced by Rudolph Herzel and more recently by Johan S. Egilsrud.[1] To account for the fluctuation in popularity of the genre across the centuries, Herzel developed a theory according to which dialogues flourish most in times of trouble and upheaval. He cited as examples the age of the Sophists and Plato in Greece, the Renaissance, and the Enlightenment. This theory is acepted by Egilsrud and applied by him specifically to dialogues of the dead. With some reservations it appears also to be adopted by Cosentini.[2]

The present editor prefers not to venture into speculations concerning the *Zeitgeist*. It appears to him sufficient to say that the dialogue has been sporadically popular for upwards of two thousand years. In all that time dialogues of the dead are much less frequently met with than other dialogues, from which they differ by their satirical intent as well as by their cast of characters.

The chief ancient practitioner, and indeed the creator of the form was, of course, Lucian. His brief compositions aim at satirizing human pretensions, avarice and scheming. Their scene is the underworld where historical and mythological personages can

---

[1] R. Herzel, *Der Dialog, Ein Literarhistorischer Versuch*, Leipsig, S. Herzel, 1895, 2 vol.
Johan S. Egilsrud, *Le "Dialogue des morts" dans les littératures française, allemande et anglaise (1644-1789)*, Paris, L'Entente linotypiste, 1934.

[2] John W. Cosentini, *Fontenelle's Art of Dialogue*, New York, King's Crown Press, 1952, pp. 17 ff.

plausibly encounter each other. In the space of a very few pages some human vice or frailty is exposed and held up to ridicule. Lucian's dominant tone is one of satirical irreverence which is reinforced by his insistence upon the transitoriness of human life and its consequent unimportance in the total scheme of things. One of the advantages of the form for comedy is that oddly assorted interlocutors may meet in Hades on a footing of absolute equality, so that in the case of Diogenes and Alexander, for instance, Lucian can use the crusty philosopher to make game of the self-satisfied conqueror.

Whereas antiquity had produced dialogues of many kinds, those between imaginary persons and those between living persons as well as dialogues of the dead, Renaissance writers in the form, notably Erasmus, preferred to put on the stage speakers who were assumed to be still living. It was not until the end of the seventeenth century that the dialogue of the dead came back into its own. Paul de Chastelet published anonymously a dull collection of dialogues of the dead called *Les Entretiens des Champs-Elysées* in 1634. Boileau, too, wrote his *Les Héros de roman* in 1664, and it circulated widely in manuscript, but this work was not published until 1713, long after the appearance of Fontenelle's *Dialogues*. Other practitioners of the form between Chastelet and the Revolution were La Mothe Le Vayer, Vauvenargues, Fénelon and Voltaire. Comparisons of Fontenelle's dialogues with these other examples of the form will be found in Cosentini's *Fontenelle's Art of Dialogue*, pp. 159-188.

The *Dialogues des morts* is Fontenelle's first major work. Before it, aside from several schoolboy compositions, he had published *L'Amour noyé* in the *Mercure Galant* (May, 1677); *Psyché*, which appeared anonymously in 1679; a tragedy, *Aspar*, which failed in 1680;[3] and a comedy, *La Comète*, also a failure, in 1681. During

---

[3] It was *Aspar* which provoked the following epigram of Racine:

Sur l'Aspar de M. de Fontenelle
L'Origine des sifflets
Ces jours passés, chez un vieil histrion,
Grand chroniqueur, s'émut en question
Quand à Paris commença la méthode
De ces sifflets qui sont tant à la mode.
'Ce fut,' dit l'un, 'aux pièces de Boyer.'

most of this time Fontenelle was living in Rouen, although he came to Paris briefly for the production of *Aspar*. The *Dialogues des morts*, which was first printed in January, 1683, was, therefore, really the work of a young provincial; nevertheless it had an immediate success. Three editions appeared in that first year, and by October of 1683 translations of the *Dialogues* had come out in English and Italian.[4]

The first edition contained only half the present number of dialogues, coming to an end after that between Joanna I of Naples and Anselm. Although no copy of this edition seems to have survived, its text is preserved in an edition printed at Cologne in the same year, in Rotterdam in 1684 and in Amsterdam in 1694 (see note 9 to the text). The third edition brought the total number of the dialogues to the present thirty-six, arranged in six groups of six.

The *Jugement de Pluton sur les Dialogues des morts* was published, also anonymously, in 1684. In it Fontenelle, under the pretext of defending himself against a manuscript criticism of the *Dialogues*, wittily exposes his own techniques and often adds another dimension of irony to what he had already said. Unfortunately a considerable proportion of the *Jugement* is mere foolery, and in the opinion of the present editor it tends to blunt the effect of the dialogues themselves. At least four editions of the *Jugement* as a separate work were brought out, but after Fontenelle's name was printed on the title-page of the 1700 edition of the *Dialogues*, the 1704 edition of the *Jugement* was also credited to him. Thereafter the *Jugement* was included in the editions of the *Dialogues*. It should be noted that the somewhat

---

Gens pour Pradon voulurent parier:
'Non,' dit l'acteur, je sais toute l'histoire,

Que par degrés je vais vous débrouiller:
Boyer apprit au parterre à bâiller;
Quand à Pradon, si j'ai bonne mémoire,
Pommes sur lui volèrent largement;
Or quand siffles prirent commencement,
C'est, j'y jouais, j'en suis témoin fidèle,
C'est à l'*Aspar* du sieur de Fontenelle!

[4] See Louis Maigron, *Fontenelle, l'homme, l'oeuvre, l'influence*, Paris, Plon, 1906, p. 34, note. Cf. Egilsrud, *op. cit.*, p. 55.

heterodox content of the *Dialogues* did not prevent it from appearing, from the third edition on, "avec privilège du roi."

Despite the preface addressed to Lucian and the frequent references to him and to his examples in the *Jugement*, the *Dialogues* of Fontenelle owe little to him. Where Lucian is harsh and acerb Fontenelle is light and gay; where he indulges in burlesque Fontenelle stays well within the limits of decorum. Bompaire [5] insists on the negative and unadventurous quality of Lucian's mind particularly in philosophical matters; here the contrast with Fontenelle is marked. Lucian is satirical and comic without any intention to teach or to improve. Fontenelle in these dialogues provides an early example of the "philosophical" propaganda which became one of the principal activities of the following century. Fontenelle does not preach, but no reader can fail to be aware of his opposition to the conventional attitudes of the 1680's: he is irreverent towards gods and kings, a Modern, sceptical of the classical trust in reason, and unconvinced by the traditional examples of heroism and virtue.

It has been claimed by some writers, notably by J. B. Bury, [6] that Fontenelle does not show himself in the *Dialogues* to be the champion of the Moderns that he is usually taken to be on the basis of the *Digression sur les anciens et les modernes*. In reality, Fontenelle was never a doctrinaire Modern, even though the Moderns tended to shelter behind his name. In many ways Fontenelle was, as the abbé Bignon said, "patriarche d'une secte dont il n'était pas." [7] Still he was, however temperately, a Modern, and many sharp shafts are aimed against the ancients even in the *Dialogues* (Anacréon-Aristote, Homère-Esope, *Jugement*, *passim*). Fontenelle's Modernism essentially consists in wanting to correct the over-evaluation of ancient writers and thinkers. He argues for the essential equality in potentiality of ancient and modern men; but in the *Dialogues*, as also in the *Digression*, he is far from claiming that a modern thinker is necessarily better than an ancient except insofar as he can profit from accumulated experience, just

---

[5] J. Bompaire, *Lucien écrivain*, Paris, Boccard, 1958, pp. 350-357.
[6] See *The Idea of Progress*, Macmillan, 1932, p. 110.
[7] Quoted in Franz Grégoire, *Fontenelle, une "philosophie" désabusée*, Paris, J. Vrin, 1947, p. 393.

as ancient writers are no more inventive than modern ones except that they came first chronologically and the discoveries in literature were theirs to make.

All of these opinions of Fontenelle, and others as well, announce the coming century, but there are also in the *Dialogues* examples of the preciosity of the *salons*. There certainly is, for our taste today, too much concern with conventional questions of love. Nevertheless the combination of these survivals with the teachings of the *libertins*, the systematic doubt of Descartes, the complete absence of ponderousness, and the continual ironic detachment made an amalgam that was peculiarly Fontenelle's own. His dialogues are undoubtedly more serious at bottom than the harshly satirical ones of Lucian, despite their surface gaiety.

It must not be supposed, therefore, that because the *Dialogues* was an early work it was in any way an apprentice piece. Critics have often pointed out that Fontenelle's thought does not evolve.[8] What he was as a young man he was also as a centenarian, and the opinions in the later writings are consistently to be found in the *Dialogues*.[9] By the time he came to compose them, at the age of twenty-five or so, Fontenelle had arrived at a coherent and individual philosophy of which the *Dialogues* was the first and perhaps the most complete single expression.[10] This philosophy was, in its broadest aspects, Cartesianism. Still Fontenelle, while accepting, provisionally at least, certain Cartesian theories, was really far less interested in Descartes' conclusions than in his method. Following his example of universal doubt, Fontenelle early

---

[8] E. g. J.-R. Carré, *La Philosophie de Fontenelle, ou le sourire de la raison*, Paris, Alcan, 1932, p. 9.

[9] The following anecdote told by Trublet is interesting as bringing together what Fontenelle had said in 1699 and what he thought in 1755: "A l'occasion d'une phrase de lui sur le pyrrhonisme et la défiance, dans l'année 1699 de son *Histoire de l'Académie des sciences* que je lui citai en propres termes l'ayant lue le matin même, il dit là-dessus des choses très sensées et très justes qui me prouvèrent de plus en plus son pyrrhonisme; il me dit surtout qu'on ne pouvait guère outrer en matière de doute, de défiance, de lenteur." *La Correspondance de l'abbé Trublet*, ed. J. Jacquart, Paris, Picard, 1926, letter of 29 May 1755, p. 161.

[10] Although it is true that Fontenelle is in other places more interested in scientific matters and that he is more openly anti-religious in the *Origine des fables*.

became what we should nowadays call a critical relativist.[11] His way of thinking, however, remained rationalistic in the Cartesian sense. Starting from a series of axioms, Fontenelle eventually arrived at various conclusions. Since these all-important axioms were, in his case, peculiarly free of both illusion and unction, they led him to a clear and comprehensive but unflattering view of human actions.

Several recent writers have undertaken to reduce these axioms, as they may be inferred from the *Dialogues des morts*, to a series of propositions and have done so with little or no disagreement. The principal ones may be listed as follows:

1. Chance rules the world, but some limited and useful knowledge is available to us.
2. Merit and demerit are the result of chance like everything else.
3. Mankind usually prefers falsities to truth, mysteries to knowledge, and prejudices to reason, and may well be right in doing so.
4. A certain degree of progress in the sciences results from the accumulation of knowledge, but this does not bring improvement in morality. Human nature persists; it does not change.
5. The reason is impotent in most cases, and what is called philosophy is folly since it has traditionally aimed to divorce thought from feeling.
6. The passions are the moving forces in life, but man is condemned never to satisfy them, for if he rises above brutishness he loses the capacity for real pleasure.
7. Love is based on nothing substantial and flourishes in deceit.

Each dialogue, moreover, has a "moral" in which the critical side of Fontenelle is often best seen. Thus Anacreon points out that philosophy, instead of grappling with human problems, prudently confines itself to safe abstractions; Homer claims that men are ready to believe the gods as stupid as they themselves are; Hadrian favors that virtue which stays within the limits of nature; and Plato himself says that philosophers, far from being the dupes of

---

[11] See L. M. Marsak, *Bernard de Fontenelle: The Idea of Science in the French Enlightenment*, Transactions of the American Philosophical Society, New Series, Vol. 49, Part 7, 1959, p. 32.

their own imaginings, leave these to fools and themselves take seriously only what is real.

One is at once struck by the disillusioned quality of both the axioms and the morals. If this is, in Carré's phrase, *le sourire de la raison,* one expects it to be a bitter smile indeed. Yet as a matter of fact the dominant note of the *Dialogues* is not bitterness but gaiety. Fontenelle is a humanist whose religious faith is *nil* and whose view of man is utterly without illusion, but who so takes pleasure in the play of the intelligence that he achieves gaiety and wit where a more romantic temperament would find cause for despair and lamentation.

Until recently the *Dialogues des morts* has encountered mostly hostile critical opinion. In part this resulted from the view of Fontenelle's character current among his contemporaries, by whom he was taken to be the type of the man without feeling. Consider, for instance, this portrait of him by Madame de Lambert:

"Comme l'imagination ne le gouverne point, il n'a pas la chaleur des amitiés naissantes, aussi n'en a-t-il pas le danger. Il connaît parfaitement les caractères, il vous donne le degré d'estime que vous méritez, il ne vous élève pas plus haut qu'il ne faut; il vous met à votre place, mais aussi il ne vous en fait pas descendre. Vous voyez bien qu'un pareil caractère n'est fait que pour être estimé. Vous pouvez donc badiner et vous amuser avec lui, mais ne lui en donnez et ne lui en demandez davantage." [12]

It is this alleged emotional aridity which causes Fontenelle to be described in the *Correspondance* of Grimm as follows:

"...né sans génie, il doit tous ses succès à la clarté, à la netteté, et à la précision de son esprit..." [13]

Similarly his nephew, the abbé Trublet, said of him:

"Ce qui distingue plus particulièrement M. de Fontenelle, c'est l'union du bel-esprit et de l'esprit philosophique, l'un et l'autre dans le plus haut degré." [14]

---

[12] See *Oeuvres de Fontenelle, Etudes sur sa vie et son esprit par Voltaire, La Marquise de Lambert, Grimm, Garat, Sainte-Beuve, Arsène Houssaye,* Paris, Didier, 1852, p. 9.
[13] 1er février, 1757, ed. Tourneux, Paris, Garnier, 1877, III, 337.
[14] *Mémoires pour servir à l'histoire de la vie et des oeuvres de M. de Fontenelle. Tirés du Mercure de France 1756, 1757 et 1758* par M. l'abbé Trublet. Amsterdam, Marc-Michel Rey, 1759, p. 12.

Thus it was that Sainte-Beuve, summing up eighteenth century opinion of Fontenelle, could write of him

"Or, dans Fontenelle, cette partie d'esprit pur et de bel-esprit sans aucun reste de chaleur compose tout l'homme. Le cerveau fait tout chez lui et la nature...oublia ici totalement le coeur." [15]

It must be allowed that to this conception Fontenelle's way of life contributed no little. He never married, and indeed in all his works he reserved his sharpest witticisms for the subject of marriage. There are many such in the *Dialogues des morts* (Guillaume de Cabestan-Albert-Frédéric de Brandebourg; Juliette de Gonzague-Soliman) but we may perhaps cite this one from his *Eloge de Montmort*:

"Etant marié, il continua sa vie simple et retirée; et d'autant plus que par un bonheur assez singulier, le mariage lui rendit sa maison plus agréable." [16]

For his time and for his station in society Fontenelle had relatively few mistresses, of whom Mlle. Bernard, the actress, was the best known, and the last was Mme. de Forgeville who served as his reader when his sight began to fail and who benefited from his will. [17]

Recent writers have denied that Fontenelle was as emotionless as tradition makes him out to have been. There can be no doubt, for instance, that he reciprocated the affection of his nephew, the Abbé Trublet. Hence Carré says flatly:

"La légende d'un Fontenelle insensible est insoutenable. On le voit toujours serviable avec ses amis; il va porter secours à Marivaux malade; quand meurt son ami Brunel il est bouleversé; il pleure, il sait qu'il ne réparera jamais cette perte." [18]

Fontenelle was also a man of principle, even if he did not believe in taking unnecessary chances. Alone in the Academy he voted against the exclusion of the Abbé de Saint-Pierre. It thus seems that Voltaire's denigration of him as a coward and an egotist who sought only the opportunity to display his brilliance is not wholly justified. [19]

---

[15] *Causeries du lundi*, Paris, Garnier, s. d., III, 316.
[16] Maigron, *op. cit.*, p. 106.
[17] *Oeuvres de Fontenelle*, 1852, p. 23; Maigron, *op. cit.*, p. 89.
[18] *Op. cit.*, p. 560.
[19] Voltaire to Helvétius, 26 June 1765. *Voltaire's Correspondence*, ed. Besterman, LVIII, 164.

Voltaire also expressed two widely differing opinions of the *Dialogues des morts*. At one moment he considered it shameful that so puerile a book should have been popular for so long, and at another he thought Fontenelle

"...le plus agréable joueur de passes passes que j'aye jamais vu. C'est toujours quelque chose, et cela amuse." [20]

La Harpe judged the Dialogues severely, accusing Fontenelle, as Voltaire had already done, of seeking facile effects through the contrast of interlocutors, and Cosentini cites numerous critics from Fontenelle's own day through the nineteenth century who had a low opinion of the *Dialogues des morts* because of their preciosity. [21] This is a common objection and one already formulated by Voltaire when he described Fontenelle as having a wit like that of Voiture but broader and more philosophic. [22] This is clearly a matter of taste, and hence the verdict is subject to change in the course of time. Recent writers have tended to be much kinder to Fontenelle. Thus Maigron, although inclined to concur in the charge of preciosity, defends Fontenelle on the ground that this was the taste of the new century. According to him Fontenelle's faults are those of the rococo in general and the *Dialogues des morts* strikes exactly the post-classical note in literature by setting forth "le bel esprit sur un fond solide, juste et pensé." [23] Cosentini, while admitting that Fontenelle is guilty of an occasional over-display of wit, asks why, if writers such as Shaw and Wilde are considered artists despite their wit, should not Fontenelle be received into that company? [24]

We must admit, however, that Fontenelle often labors his witticisms. He has, indeed, pointed this out himself in the criticism he makes in the *Jugement* of the jokes in the dialogue between Guillaume de Cabestan and Albert-Frédéric de Brandebourg. In the present editor's opinion, moreover, Fontenelle succeeds in being gay but does not succeed in being humorous. In contrast to the successful wit of the dialogues the burlesque judgments of Pluto

---

[20] Moland XXIII, 368; Best., XIX, 166.
[21] *Choix des Dialogues des morts de Lucien, Fontenelle et Fénelon*, ed. M. Laurentie, Paris, Béthune, 1829, p., vii. Cosentini, *op. cit.*, pp. 148 ff.
[22] Moland XIV, 72.
[23] *Op. cit.*, p. 379.
[24] *Op. cit.*, pp. 126-127.

fall very flat. It is undoubtedly true, as Fontenelle has also pointed out himself, that the dialogues usually depend for their effect upon the merest paradox. Grave philosophy is always bested by laughing insouciance (Le troisième faux Démétrius-Descartes, Sénèque-Scarron, Anacréon-Aristote); the heroes of antiquity always appear in quite another posture than the heroic (Alexandre-Phryné, Socrate-Montaigne, Fernand Cortez-Montézume); and leaders in science, thought and government are invariably taken down several pegs (Erasistrate-Hervé, Straton-Raphaël d'Urbin, Charles V-Erasme). Still, the wit here has content; in the *Jugement* it is all too often displayed for its own sake and so seems hollow.

Voltaire was also right in saying that there is no psychological interest in the *Dialogues*.[25] Aside from certain biographical details the characters are all interchangeable, and in at least one instance they were changed. The dialogue here presented as being between Seneca and Scarron was originally between Seneca and Marot. The change to Scarron necessitated a few alterations to take account of obvious and well-known biographical and period differences, but the tone of the dialogue was altered not at all. Nor is there any local color in the *Dialogues*. Soliman indeed says of himself, "Je suis Turc, il m'est pardonnable de n'avoir pas toute la délicatesse possible." Aside from this one remark, all the speakers whether ancient or modern, are cut from the same cloth and have the same values and the same tone of voice.

Fontenelle shows considerable technical skill in the *Dialogues*. Since they are without psychological interest, since there is never any physical action to describe, and since the setting is mostly taken for granted, the reader's attention must be held by the movement of the lines themselves. Almost all the dialogues begin in such a way as to suggest that they are part of a continuing conversation. In a few the beginning suggests a chance meeting (e. g. Socrate-Montaigne, L'Empereur Adrien-Marguerite d'Autriche). In either case the reader's interest is captured at once, and he is carried swiftly along to the heart of the argument. In brief and natural-sounding speeches the positions of the two interlocutors are established. This is often done by symmetrical anecdotes. About two-thirds of the way through in most dialogues the paradox is

---

[25] Best. XIX, 166. Cosentini is of the opposite opinion. *Op. cit.*, pp. 78 ff.

set forth, and there follows a brief application of it in the shape of a maxim. As soon as this has been done the dialogue comes to an end.

Fontenelle's conclusions are deliberately striking and epigrammatic. One could compile an amusing collection of maxims and *pensées* by copying out the final sentences of many of the dialogues. Here are several:

Le sentiment de la liberté est plus vif, plus il y entre de la malignité. (Brutus-Faustine)

Le cœur est la source de toutes les erreurs dont nous avons besoin... (Calirrhée-Pauline)

Qui doit peindre pour l'immortalité, doit peindre des sots. (Paracelse-Molière)

Les plaisirs ressemblent à ces terres marécageuses sur lesquelles on est obligé de courir légèrement, sans y arrêter jamais le pied. (Elisabeth d'Angleterre-Le Duc d'Alençon)

Qu'on me fasse revivre, et qu'on me donne l'homme du monde le plus impérieux, je ferai de lui tout ce qu'il me plaira, pourvu que j'aie de l'esprit, assez de beauté, et peu d'amour. (Agnès Sorel-Roxelane)

Les préjugés sont le supplément de la raison. Ce qui manque d'un côté, on le trouve de l'autre. (Straton-Raphaël d'Urbin)

Witty as this book is, however, and witty as it seeks to be, it cannot be taxed with frivolity. Jean Rostand has expressed a very high opinion of the dialogue Parménisque-Théocrite, finding in it an expression of tragic nihilism. Grégoire differs from Rostand on the quality of Fontenelle's vision, denying it the tragic and the pathetic, but saying,

...ce à quoi l'ont conduit les analyses dissolvantes de la *raison critique*, c'est seulement à ne plus croire sincèrement en aucune valeur, en l'utilité d'aucune entreprise humaine, en la signification d'aucun échec et d'aucun succès, en l'importance d'aucune pensée ni de la sienne propre: dans l'antre de Trophonius il a, au contraire de Parménisque, appris à rire (ou plutôt à sourire) de tout...[26]

Grégoire's judgment is no doubt somewhat ponderous (he goes on to invoke Kant in order to explain Fontenelle) but a brief reconsideration of the axioms we have listed above will show that

---

[26] *Op. cit.*, p. 447.

the *Dialogues* are concerned with many of the principal problems of human life. It is a mistake to suppose that these can be honestly considered only in an atmosphere of portentous solemnity. That was one of the follies of romanticism, and one which has unfortunately left a deep imprint on succeeding generations. There is no denying that implicit and indeed often explicit in these sparkling dialogues are a universal scepticism and a hardly less universal pessimism. What conclusion could be more devastatingly nihilistic than this one from the dialogue we have already mentioned between Parménisque and Théocrite:

Il y a une raison que nous met au-dessus de tout par les pensées; il doit y en avoir ensuite une autre qui nous ramène à tout par les actions; mais à ce compte-là même, ne vaut-il pas presque autant de n'avoir point pensé?

Or this one from Milon-Smindiride:

Que les hommes sont à plaindre! Leur condition naturelle leur fournit peu de choses agréables, et leur raison leur apprend à en goûter encore moins.

Or this one from Erasistrate-Hervé:

On aura beau faire de nouvelles découvertes dans l'anatomie, on aura beau pénétrer de plus en plus dans les secrets de la structure du corps humain, on ne prendra point la nature pour dupe, on mourra comme à l'ordinaire.[27]

The textual problems raised by the *Dialogues des morts* are not complicated. By the nature of the work Fontenelle's emendations mostly indicate stylistic preferences and do not reflect changes in

---

[27] One is tempted to think that Condorcet remembered this passage when he wrote in the *Esquisse d'un tableau historique des progrès de l'esprit humain* (Dixième Epoque):

> Sans doute l'homme ne deviendra pas immortel; mais la distance entre le moment où il commence à vivre et l'époque commune où, naturellement, sans maladie, sans accident, il éprouve la difficulté d'être, ne peut-elle s'accroître sans cesse?

The phrase about the *difficulté d'être* is, of course, Fontenelle's own and describes his final illness. Condorcet's use of it seems to show that Fontenelle's example of longevity and perhaps the youthful Fontenelle's easy disparagement of long life were in his mind as he wrote. (See Condorcet, *Esquisse d'un tableau historique des progrès de l'esprit humain*, ed. O. H. Prior, Paris, Boivin, 1933, p. 237.)

his conception of matters of fact. The variants, beginning with the second edition of the *Dialogues,* though fairly numerous, are usually not important; and in a general way, once a change was made it was allowed to stand. An exception must be allowed here for the edition of 1715 which contains two variants new to that edition and which are not found in later editions. From the edition of 1742 on no changes appear. The text reproduced here is that of the 1758 edition of the complete works, but is has been compared with all the earlier editions that I have been able to find, and variants other than those of spelling and punctuation (which had no importance in Fontenelle's day) have been given in the notes. A list of the various editions follows.

LIST OF EDITIONS

The following list includes editions of the *Dialogues des morts*, of the *Jugement de Pluton* and of the works of Fontenelle up to the time of his death in 1757. The only subsequent edition mentioned is that of the complete works in 1758. The following abbreviations are used: BN, Bibliothèque Nationale; BM, British Museum; A, Arsenal; M, Bibliothèque Mazarine; LC, Library of Congress. Where there is no indication of library, the edition is in the Bibliothèque Nationale.

1. Nouveaux Dialogues des morts, Paris, C. Blageart et E. Quinet, 1683. Seconde édition. 2 vol. LC.
2. Nouveaux dialogues des morts. Troisième edition. Paris, C. Blageart, 1683. Avec Privilège du Roi.
   LC has at the same date and also as the third edition Blageart et Quinet.
3. Nouveaux dialogues des morts. A Cologne. Chez Jacques Dulont, 1683. The text of the first edition.
4. Nouveaux dialogues des morts (seconde partie). Nouvelle édition. A Paris, Chez C. Blageart, 1684. Avec Privilège du Roi.
5. Nouveaux Dialogues des morts. Rotterdam, Reinier Leers, 1684.
6. Nouveaux dialogues des morts. Quatrième édition. Paris, Michel Brunet, 1692. Avec Privilège du Roi. 2 vol. (BN has only Vol. II).
7. Nouveaux dialogues des morts. Par M. de Fontenelle de l'Académie française. Paris, Michel Brunet, 1700, 2 vol. Cinquième édition. A, BN.
8. Nouveaux Dialogues des morts. Première partie, Amsterdam, Antoine Schelte, 1694. Seconde partie, Amsterdam, Abraham Wolfgang, 1694. Jugement de Pluton, Amsterdam, Antoine Schelte, 1694. Bound in one volume. A.
9. Nouveaux dialogues des morts. Par M. de Fontenelle de l'Académie française. Nouvelle édition augmentée. Londres, Paul et Isaak Vaillant, 1707. (Vol. I of *Oeuvres diverses*).
10. Nouveaux dialogues des morts. Nouvelle édition augmentée. Par M. de Fontenelle. Amsterdam, P. Mortier (1710?) A, BM, LC.
11. Nouveaux dialogues des morts. Nouvelle édition. Paris, M. Brunet, 1711. BM.
12. Nouveaux dialogues des morts. Par M. de Fontenelle de l'Académie française. Nouvelle édition. Paris, Michel Brunet, 1711, 2 vol.

13. Oeuvres diverses de M. de Fontenelle de l'Académie française. Nouvelle édition augmentée. Londres, Paul et Isaak Vaillant, 1714. 2 vol. (The Dialogues des morts are in Vol. I.) M has the same edition but dated 1713.
14. Oeuvres diverses de M. de Fontenelle de l'Académie française. Contenant les Nouveaux dialogues des morts. Nouvelle édition augmentée. 8 vol. (Dialogues des morts in Vol. I, II; *Jugement* in Vol. III.) Paris, Michel Brunet, 1715.
15. Nouveaux dialogues des morts. Par M. de Fontenelle de l'Académie française. Nouvelle édition augmentée. Londres, Paul et Isaak Vaillant, 1716.
16. Oeuvres diverses de M. de Fontenelle de l'Académie française. Nouvelle édition augmentée. Paris, Michel Brunet, 1724, 3 vol. (Dialogues des morts in Vol. I to p. 240.)
17. Nouveaux Dialogues des morts. Nouvelle édition augmentée. Paris, Le Petit, 1729.
18. Oeuvres diverses de M. de Fontenelle. La Haye, Gosse et Neaulme, 3 vol. in folio, 1728-1729. (Dialogues des morts in Vol. I.) A very beautiful edition with engravings by Bernard Picart.
19. Oeuvres de M. de Fontenelle, des Académies française, des Sciences et des Belles-Lettres, et de la Société Royale de Londres. Nouvelle édition augmentée. Paris, Chez Michel Brunet père, 1742. 6 vol. (Dialogues des morts are in Vol. I to p. 297.)
20. Oeuvres diverses de M. de Fontenelle. Amsterdam, F. Changuion, 3 vol. (Dialogues des morts in Vol. I to p. 143.)
21. Oeuvres de M. de Fontenelle. Paris, Brunet, 1752. 8 vol. (Dialogues des morts are in Vol. I.)
22. Oeuvres de M. de Fontenelle. Paris, B. Brunet, 1758, 10 vol.

1. Jugement de Pluton sur les deux parties des Nouxeaux Dialogues des morts. Paris, C. Blageart, 1684. Avec Privilège du roi.
2. Jugement de Pluton... Paris, G. Quinet, 1684. Avec Privilège du roi.
3. Jugement de Pluton... Lyon, T. Amaulry, 1684. Avec Privilège du roi.
4. Jugement de Pluton... Amsterdam, Abraham Wolfgang, 1684.
5. Jugement de Pluton... Par M. de Fontenelle de l'Académie française. Paris, Michel Brunet, 1704. Avec Privilège du roi.
6. Jugement de Pluton... Paris, Michel Brunet, 1703. Avec Privilège du roi. A.

A Note on the Editions

The principal editions are the third of 1683, which established the text for almost twenty years; that of 1715 which included certain variants later discarded; that of 1724; and that of 1742 which was the last edition revised by Fontenelle. The other editions reproduce the text of one of these four. Of the editions of the *Jugement de Pluton* those of Blageart, 1684, of Quinet, 1684, and Amaulry, 1684, are printed from the same type. Significant variants in subsequent editions are pointed out in the notes.

A LUCIEN

aux

CHAMPS ÉLYSÉES

Illustre mort,

Il est bien juste qu'après avoir pris une idée qui vous appartient je vous en rende quelque sorte d'hommage: l'auteur dont on a tiré le plus de secours dans un livre est le vrai héros de l'épître dédicatoire; c'est lui dont on peut publier les louanges avec sincérité, et qu'on doit choisir pour protecteur. Peut-être on trouvera que j'ai été bien hardi d'avoir osé travailler sur votre plan; mais il me semble que je l'eusse été bien davantage si j'eusse travaillé sur un plan de mon imagination. J'ai quelque lieu d'espérer que le dessein qui est de vous fera passer les choses qui sont de moi; et j'ose vous dire, que si par hasard mes dialogues avaient un peu de succès, ils vous feraient plus d'honneur que les vôtres mêmes ne vous en ont fait, puisqu'on verrait que cette idée est assez agréable pour n'avoir pas besoin d'être bien exécutée. J'ai fait tant de fond sur elle que j'ai cru qu'une partie m'en pourrait suffire. J'ai supprimé Pluton, Caron, Cerbère, et tout ce qui est usé dans les enfers.[1] Que je suis fâché que vous ayez épuisé toutes ces belles matières de l'égalité des morts, du regret qu'ils ont à la vie, de la fausse fermeté que les philosophes affectent de faire paraître en mourant, du ridicule malheur de ces jeunes gens qui meurent avant les vieillards dont ils croyaient hériter et à qui ils faisaient la cour! Mais après tout, puisque vous avez inventé ce dessein, il était

---

[1] Later, of course, F. made use of Pluto and others in the *Jugement de Pluton sur les Nouveaux dialogues des morts.*

raisonnable que vous en prissiez ce qu'il y avait de plus beau. Du moins, j'ai tâché de vous imiter dans la fin que vous vous étiez proposée. Tous vos dialogues renferment leur morale, et j'ai fait moraliser tous mes morts; autrement ce n'eût pas été la peine de les faire parler; des vivants auraient suffi pour dire des choses inutiles. [2] De plus, il y a cela de commode qu'on peut supposer que les morts sont gens de grande réflexion, tant à cause de leur expérience que de leur loisir; et on doit croire pour leur honneur qu'ils pensent un peu plus qu'on ne fait d'ordinaire pendant la vie. Ils raisonnent mieux que nous des choses d'ici haut parce qu'ils regardent avec plus d'indifférence et plus de tranquillité, et ils veulent bien en raisonner parce qu'ils y prennent un reste d'intérêt. Vous avez fait la plupart de leurs dialogues si courts qu'il paraît que vous n'avez pas cru qu'ils fussent de grands parleurs, et je suis entré aisément dans votre pensée. [3] Comme les morts ont bien de l'esprit, ils doivent voir bientôt le bout de toutes les matières. Je croirais même sans peine qu'ils devraient être assez éclairés pour convenir de tout les uns avec les autres, et par conséquent pour ne se parler presque jamais; car il me semble qu'il n'appartient de disputer qu'à nous autres ignorants, qui ne découvrons pas la vérité, de même qu'il n'appartient qu'à des aveugles, qui ne voient pas le but où ils vont, de s'entre-heurter dans un chemin. Mais on ne pourrait pas se persuader ici que les morts eussent changé de caractères jusqu'au point de n'avoir plus de sentiments opposés. Quand on a une fois conçu dans le monde une opinion des gens, on n'en saurait revenir. Ainsi je me suis attaché à rendre les morts reconnaissables, du moins ceux qui sont fort connus. [4] Vous n'avez pas

---

[2] The ed. of Cologne 1683: "...s'ils n'eussent à dire que des choses inutiles que des vivants diraient bien." All later editions have the present text.

[3] Ed. of Cologne 1683: "...et en effet ce serait grand-pitié qu'ils ne pensassent un peu plus qu'on ne fait d'ordinaire pendant la vie. Ils doivent regarder les choses d'ici-haut avec une tranquillité et une indifférence mêlées d'un reste d'intérêt qu'ils y prennent, et tout cela les rend fort propres à en discourir. Vous n'avez pas cru qu'ils fussent de grands parleurs et vous avez fait presque tous leurs dialogues très courts. J'ai suivi votre pensée, qui était fondée sur beaucoup d'apparence." All later editions have the present text.

[4] Ed. of Cologne 1683: "Ainsi je me suis attaché à suivre ces opinions communes et j'ai peint les morts tels à peu près qu'ils étaient pendant leur vie, du moins ceux qui sont fort connus." All later editions have the present text.

fait de difficulté d'en supposer quelques-uns, et peut-être aussi quelques-unes des aventures que vous leur attribuez ; mais je n'ai pas eu besoin de ce privilège. L'histoire me fournissait assez de véritables morts et d'aventures véritables pour me dispenser d'emprunter aucun secours de la fiction. [5] Vous ne serez pas surpris que les morts parlent de ce qui s'est passé longtemps après eux, vous qui les voyez tous les jours s'entretenir des affaires les uns des autres. Je suis sûr qu'à l'heure qu'il est vous connaissez la France par une infinité de rapports qu'on vous en a faits, et que vous savez qu'elle est aujourd'hui pour les lettres ce que la Grèce était autrefois. Surtout votre illustre traducteur, qui vous a si bien fait parler notre langue, n'aura par manqué de vous dire que Paris a eu pour vos ouvrages le même goût que Rome et Athènes avaient eu. [6] Heureux qui pourrait prendre votre style comme ce grand homme le prit, et attraper dans ces expressions cette simplicité fine et cet enjouement naïf qui sont si propres pour le dialogue ! Pour moi, je n'ai garde [7] de prétendre à la gloire de vous avoir bien imité ; je ne veux que celle d'avoir bien su qu'on ne peut imiter un plus excellent modèle que vous.

---

[5] Ed. of Cologne 1683: "...aventures véritables; je n'ai emprunté aucun secours à la fiction." All later editions have the present text.

[6] The translator was Perrot d'Ablancourt (1606?-1664). *Les Oeuvres de Lucien,* an adaptation rather than a translation, appeared at Paris, 2. vol. in 4º, 1654-1655. F. here goes out of his way to praise a man who, in the time of Bossuet and Pascal, could be considered a freethinker.

[7] "On dit aussi, *N'avoir garde*, pour dire, N'avoir pas la volonté, ou le pouvoir de faire une chose, en estre bien esloigné." *Dict. Acad.* 1694.

Alexandre (Alexander the Great) 356-323 B. C. was the son of Philip II of Macedon. His tutor was Aristotle, but he learned military science from his father. The effect of Alexander's victories was to destroy the independence of the Greek city-states and thus to usher in the Hellenistic Age.

Phryné (Phryne) a famous Greek courtesan of the fourth century B. C. was born at Thespis in Boeotia. Having become very rich, she is said to have offered to rebuild the walls of Thebes after their destruction by Alexander, provided a notice to that effect was inscribed on them. The offer was rejected. She was defended on a charge of impiety by Hyperides the orator, who appealed to the feelings of the jury by throwing open her dress to display her breasts. According to Pausanias (X, 15, 1) she dedicated a golden statue of herself at Delphi, but other writers hold the statue was dedicated by her admirers.

DIALOGUES DES MORTS ANCIENS

DIALOGUE I

Alexandre, Phryné

Phryné

Vous pouvez le savoir de tous les Thébains qui ont vécu de mon temps. Ils vous diront que je leur offris de rebâtir à mes dépens les murailles de Thèbes, que vous aviez ruinées, pourvu que l'on y mît cette inscription: *Alexandre le Grand avait abattu ces murailles, mais la courtisane Phryné les a relevées.*

Alexandre. Vous aviez donc grande peur que les siècles à venir n'ignorassent quel métier vous aviez fait?

Phry. J'y avais excellé, et toutes les personnes extraordinaires dans quelque profession que ce puisse être ont la folie des monuments et des inscriptions.

Ale. Il est vrai que Rhodope [8] l'avait déjà eue avant vous. L'usage qu'elle fit de sa beauté la mit en état de bâtir une de ces fameuses pyramides d'Égypte qui sont encore sur pied; et je me souviens que comme elle en parlait l'autre jour à de certaines mortes françaises, qui prétendaient avoir été fort aimables, ces ombres se mirent à pleurer en disant que dans les pays et les siècles où elles venaient de vivre les belles ne faisaient plus d'assez grandes fortunes pour élever des pyramides.

Phry. Mais moi, j'avais cet avantage par-dessus Rhodope, qu'en rétablissant les murailles de Thèbes je me mettais en parallèle avec

---

[8] Rhodope, a Thracian courtesan, is said to have been a fellow-slave of Aesop. Herodotus rejects the story that she built the third pyramid.

vous, qui aviez été le plus grand conquérant du monde, et que je faisais voir que ma beauté avait pu réparer les ravages que votre valeur avait faits.

Ale. Voilà deux choses qui assurément n'étaient jamais entrées en comparaison l'une avec l'autre. Vous vous savez donc bon gré d'avoir eu bien des galanteries?

Phry. Et vous, vous êtes fort satisfait d'avoir désolé la meilleure partie de l'univers? Que ne s'est-il trouvé une Phryné dans chaque ville que vous avez ruinée ; il ne serait resté aucune marque de vos fureurs.

Ale. Si j'avais à revivre je voudrais être encore un illustre conquérant.

Phry. Et moi une aimable conquérante. [9] La beauté a un droit naturel de commander aux hommes, et la valeur n'en a qu'un droit acquis par la force. Les belles sont de tout pays, et les rois mêmes ni les conquérants n'en sont pas. Mais pour vous convaincre encore mieux votre père Philippe était bien vaillant, vous l'étiez beaucoup aussi ; cependant vous ne pûtes ni l'un ni l'autre inspirer aucune crainte à l'orateur Démosthène, qui ne fit pendant toute sa vie que haranguer contre vous deux ; et une autre Phryné que moi (car le nom est heureux) [10] étant sur le point de perdre une cause fort importante, son avocat, qui avait épuisé vainement toute son éloquence pour elle, s'avisa de lui arracher un grand voile qui la couvrait en partie ; et aussitôt à la vue des beautés qui parurent les juges qui étaient prêts à la condamner changèrent d'avis. C'est ainsi que le bruit de vos armes ne put pendant un grand nombre d'années faire taire un orateur, et que les attraits d'une belle personne corrompirent en un moment tout le sévère Aréopage. [11]

---

[9] Ed. of Cologne 1683: "Et moi une petite conquérante." Since F. writes in the *Jugement*, "...l'auteur des *Nouveaux Dialogues* lui-même s'en est corrigé, et on m'a dit [Phryné is speaking] que dans sa seconde édition je ne suis plus 'une petite conquérante' mais 'une aimable conquérante,'" this passage makes it probable that the text of Cologne 1683 is the same as that of the first French edition. This text is also found in the Rotterdam edition of 1684 and the Amsterdam edition of 1694. All later editions have *aimable*.

[10] Present-day authorities do not distinguish the Phryné defended by Hyperides from the interlocutor of this dialogue.

[11] The Areopagus (hill of Ares) was the name given at Athens to the body which, holding its sessions on the hill, judged cases of murder, malicious wounding, arson and poisoning.

ALE. Quoique vous ayez appelé encore une Phryné à votre secours, je ne crois pas que le parti d'Alexandre en soit plus faible. Ce serait grande pitié si...

PHRY. Je sais ce que vous m'allez dire. La Grèce, l'Asie, la Perse, les Indes, tout cela est d'un bel étalage. Cependant, si je retranchais de votre gloire ce qui ne vous en appartient pas, si je donnais à vos soldats, à vos capitaines, au hasard même la part qui leur est due, croyez-vous que vous n'y perdissiez guère? Mais une belle ne partage avec personne l'honneur de ses conquêtes, elle ne doit rien qu'à elle-même. Croyez-moi, c'est une jolie condition que celle d'une jolie femme.

ALE. Il a paru que vous en avez été bien persuadée. Mais pensez-vous que ce personnage s'étende aussi loin que vous l'avez poussé?

PHRY. Non, non, car je suis de bonne foi. J'avoue que j'ai extrêmement outré le caractère de jolie femme; mais vous avez outré aussi celui de grand homme. Vous et moi nous avons fait trop de conquêtes. Si je n'avais eu que deux ou trois galanteries tout au plus, cela était dans l'ordre et il n'y avait rien à redire; mais d'en avoir assez pour rebâtir les murailles de Thèbes, c'était aller plus loin qu'il ne fallait. D'autre côté, si vous n'eussiez fait que conquérir la Grèce, les îles voisines, et peut-être encore quelque petite partie de l'Asie Mineure, et vous en composer un état, il n'y avait rien de mieux entendu ni de plus raisonnable; mais de courir toujours sans savoir où, de prendre toujours des villes sans savoir pourquoi, et d'exécuter toujours sans avoir aucun dessein, c'est ce qui n'a pas plu à beaucoup de personnes bien sensées.

ALE. Que ces personnes bien sensées en disent tout ce qu'il leur plaira. Si j'avais usé si sagement de ma valeur et de ma fortune on n'aurait presque point parlé de moi.

PHRY. Ni de moi non plus, si j'avais usé trop sagement de ma beauté. Quand on ne veut que faire du bruit, ce ne sont pas les caractères les plus raisonnables qui y sont les plus propres.

Milon of Croton, a famous athlete, lived in the later sixth century B. C. He is said to have led the army of Croton against Sybaris in 510 B. C. He was six times victorious as a wrestler in both the Olympic and Pythian Games. One of the feats reported of him is that he carried a heifer down the course, killed it with one blow, and ate it, all in one day. His death was a horrible one, for he was eaten alive by wolves, his hands being caught in the trunk of a tree he was trying to split open.

Smyndiride (Smyndirides) of Sybaris lived in the sixth century B. C. He is said by Athenaeus (*Deip.* VI, 273) to have taken a thousand slaves with him on the journey when he went as a suitor for Agariste, the daughter of Cleisthenes. Herodotus (VI, 27) calls Smyndirides the most luxurious liver of his day, but records that Cleisthenes bestowed his daughter upon Megacles, son of Alcmeon.

DIALOGUE II

Milon, Smyndiride

Smyndiride

Tu es donc bien glorieux, Milon, d'avoir porté un boeuf sur tes épaules aux Jeux Olympiques.

Milon. Assurément l'action fut fort belle. Toute la Grèce y applaudit, et l'honneur s'en répandit jusque sur la ville de Crotone ma patrie, d'où sont sortis une infinité de braves athlètes. Au contraire, ta ville de Sybaris sera décriée à jamais par la mollesse de ses habitants, qui avaient banni les coqs de peur d'en être éveillés et qui priaient les gens à manger un an avant le jour du repas pour avoir le loisir de le faire aussi délicat qu'ils le voulaient.

Smyn. Tu te moques des Sybarites; mais toi, Crotoniate grossier, crois-tu que se vanter de porter un boeuf, ce ne soit pas se vanter de lui ressembler beaucoup?

Mi. Et toi, crois-tu avoir ressemblé à un homme quand tu t'es plaint d'avoir passé une nuit sans dormir à cause que parmi les feuilles de rose dont ton lit était semé il y en avait eu une sous toi qui s'était pliée en deux?

Smyn. Il est vrai que j'ai eu cette délicatesse, mais pourquoi te paraît-elle si étrange?

Mi. Et comment se pourrait-il qu'elle ne me le parût pas?

Smyn. Quoi! n'as-tu jamais vu quelque amant qui étant au comble des faveurs d'une maîtresse à qui il a rendu des services signalés soit troublé dans la possession de ce bonheur par la crainte qu'il a que la reconnaissance n'agisse dans le coeur de la belle plus que l'inclination?

Mi. Non, je n'en ai jamais vu. Mais quand cela serait?

Smyn. Et n'as-tu jamais entendu parler de quelque conquérant, qui au retour d'une expédition glorieuse, se trouvât peu satisfait de ses triomphes parce que la fortune y aurait eu plus de part que sa valeur ni sa conduite, et que ses desseins auraient réussi sur des mesures fausses et mal prises?

Mi. Non, je n'en ai point entendu parler. Mais encore une fois, qu'en veux-tu conclure?

Smyn. Que cet amant et ce conquérant et généralement presque tous les hommes, quoique couchés sur des fleurs, ne sauraient dormir s'il y en a une seule feuille pliée en deux. Il ne faut rien pour gâter les plaisirs. Ce sont des lits de roses, où il est bien difficile que toutes se tiennent étendues et qu'aucune ne se plie; cependant le pli d'une seule suffit pour incommoder beaucoup.

Mi. Je ne suis pas fort savant sur ces matières-là; mais il me semble que toi et l'amant et le conquérant que tu supposes et tous tant que vous êtes, vous avez extrêmement tort. Pourquoi vous rendez-vous si délicats?

Smyn. Ah! Milon, les gens d'esprit ne sont pas des Crotoniates comme toi, mais ce sont des Sybarites encore plus raffinés que je n'étais.

Mi. Je vois bien ce que c'est. Les gens d'esprit ont assurément plus de plaisirs qu'il ne leur en faut, et ils permettent à leur délicatesse d'en retrancher ce qu'ils ont de trop. Ils veulent bien être sensibles aux plus petits désagréments parce qu'il y a d'ailleurs assez d'agréments pour eux; et sur ce pied-là je trouve qu'ils ont raison.

Smyn. Ce n'est point du tout cela. Les gens d'esprit n'ont point plus de plaisirs qu'il ne leur en faut.

Mi. Ils sont donc fous de s'amuser [12] à être si délicats.

Smyn. Voilà le malheur. La délicatesse est tout à fait digne des hommes; elle n'est produite que par les bonnes qualités et de l'esprit et du coeur; on se sait bon gré d'en avoir; on tâche à en acquérir quand on n'en a pas; cependant la délicatesse diminue le

---

[12] "*Amuser*, v. act. Arrester inutilement, faire perdre le temps, repaistre de vaines espérances." *Dict. Acad.* 1694. This is the usual sense of the word in the *Dialogues*.

nombre des plaisirs et on n'en a point trop. Elle est cause qu'on les sent moins vivement, et d'eux-mêmes ils ne sont point trop vifs. Que les hommes sont à plaindre! Leur condition naturelle leur fournit peu de choses agréables, et leur raison leur apprend à en goûter encore moins.

Didon (Dido), legendary daughter of a king of Tyre, fled to Libya after the murder of her husband by her brother, and there founded Carthage. Virgil makes Dido fall in love with Aeneas who is shipwrecked at Carthage; when he leaves her in obedience to the command of Mercury, Dido throws herself onto the pyre.

Stratonice was the wife of Seleucus Nicator, king of Syria (third century B. C.). Her beauty inspired a violent passion in her stepson Antiochus Soter, who was afraid to admit his love. The physician Erasistratus discovered the secret and revealed it by degrees to the king. Seleucus, out of pity for his son, divorced Stratonice and allowed her to marry Antiochus.

DIALOGUE III

Didon, Stratonice

Didon

Hélas! ma pauvre Stratonice, que je suis malheureuse! Vous savez comme j'ai vécu. Je gardai une fidélité si exacte à mon premier mari que je me brûlai toute vive plutôt que d'en prendre un second. Cependant, je n'ai pu être à couvert de la médisance. Il a plu à un poète nommé Virgile de changer une prude aussi sévère que moi en une jeune coquette qui se laisse charmer de la bonne mine d'un étranger dès le premier jour qu'elle le voit. Toute mon histoire est renversée. A la vérité, le bûcher où je fus consumée m'est demeurée; mais devinez pourquoi je m'y jette. Ce n'est plus de peur d'être obligée à un second mariage; c'est que je suis au désespoir de ce que cet étranger m'abandonne.

Stratonice. De bonne foi, cela peut avoir des conséquences très dangereuses. Il n'y aura plus guère de femmes qui veuillent se brûler par fidélité conjugale si après leur mort un poète est en liberté de dire d'elles tout ce qu'il voudra. Mais peut-être votre Virgile n'a-t-il pas eu si grand tort. Peut-être a-t-il démêlé dans votre vie quelque intrigue que vous espériez qui ne serait pas connue. Que sait-on? Je ne voudrais pas répondre de vous sur la foi de votre bûcher.

Di. Si la galanterie que Virgile m'attribue avait quelque vraisemblance, je consentirais que l'on me soupçonnât; mais il me donne pour amant Enée, un homme que était mort trois cents ans avant que je fusse au monde.[13]

---

[13] It is, of course, not possible to date these lengendary events.

Stra. Ce que vous dites là est quelque chose. Cependant Enée et vous, vous paraissiez extrêmement être le fait l'un de l'autre. Vous aviez été tous deux contraints d'abandonner votre patrie; vous cherchiez fortune tous deux dans des pays étrangers; il était veuf, vous étiez veuve: voilà bien des rapports. Il est vrai que vous êtes née trois cents ans après lui; mais Virgile a vu tant de raisons pour vous assortir ensemble qu'il a cru que les trois cents années qui vous séparaient n'étaient pas une affaire.

Di. Quel raisonnement est-ce là? Quoi! trois cents ans ne sont pas toujours trois cents ans; et malgré cet obstacle deux personnes peuvent se rencontrer et s'aimer?

Stra. Oh! c'est sur ce point que Virgile a entendu finesse.[14] Assurément il était homme du monde; il a voulu faire voir qu'en matière de commerces amoureux il ne faut pas juger sur l'apparence, et que tous ceux qui en ont le moins sont bien souvent les plus vrais.

Di. J'avais bien affaire qu'il attaquât ma réputation pour mettre ce beau mystère dans ses ouvrages.

Stra. Mais quoi? Vous a-t-il tournée en ridicule? Vous a-t-il fait dire des choses impertinentes?

Di. Rien moins. Il m'a récité ici son poème, et tout le morceau où il me fait paraître est assurément divin, à la médisance près. J'y suis belle, j'y dis de très belles choses sur ma passion prétendue, et si Virgile était obligé de me reconnaître dans l'*Enéide* pour femme de bien, l'*Enéide* y perdrait beaucoup.

Stra. De quoi vous plaignez-vous donc? On vous donne une galanterie que vous n'avez pas eue: voilà un grand malheur! Mais en récompense on vous donne de la beauté et de l'esprit que vous n'aviez peut-être pas.

Di. Quelle consolation!

Stra. Je ne sais comment vous êtes faite; mais la plupart des femmes aiment mieux, ce me semble, qu'on médise un peu de leur vertu que de leur esprit ou de leur beauté. Pour moi, j'étais de cette humeur-là. Un peintre, qui était à la cour du roi de Syrie mon mari, fut malcontent de moi et pour se venger il me peignit

---

[14] "On dit, *entendre finesse à une chose,* pour dire, Donner un sens fin et malin à quelque chose." *Dict. Acad.* 1694. This is the usual sense of the word in the *Dialogues*.

entre les bras d'un soldat. Il exposa son tableau et prit aussitôt la fuite. Mes sujets, zélés pour ma gloire, voulaient brûler ce tableau publiquement ; mais comme j'y étais peinte admirablement bien et avec beaucoup de beauté, quoique les attitudes qu'on m'y donnait ne fussent pas avantageuses à ma vertu, je défendis qu'on le brûlât, et fis revenir le peintre à qui je pardonnai. Si vous m'en croyez, vous en userez de même à l'égard de Virgile.

D<small>I</small>. Cela serait bon si le premier mérite d'une femme était d'être belle ou d'avoir de l'esprit.

S<small>TRA</small>. Je ne décide point quel est ce premier mérite ; mais dans l'usage ordinaire la première question qu'on fait sur une femme que l'on ne connaît point, c'est, "Est-elle belle?" La seconde, "A-t-elle de l'esprit?" Il arrive rarement qu'on fasse une troisième question.

Anacreon (born c. 570 B. C.), a lyric poet, was summoned to Samos by Polycrates as music tutor to his son. After the fall of Polycrates Anacreon went to Athens and later to Thessaly. A statue of him was erected on the Acropolis. His poetry is light, witty, fanciful, and usually concerned with wine, women and song.

Aristote (Aristotle) 384-322 B. C. The philosopher and the tutor of Alexander.

DIALOGUE IV

ANACREON, ARISTOTE

ARISTOTE

Je n'eusse jamais cru qu'un faiseur de chansonnettes eût osé se comparer à un philosophe d'une aussi grande réputation que moi.

ANACREON. Vous faites sonner bien haut le nom de philosophe; mais moi, avec mes chansonnettes, je n'ai pas laissé d'être appelé le sage Anacréon, et il me semble que le titre de philosophe ne vaut pas celui de sage.

ARI. Ceux qui vous ont donné cette qualité-là ne songeaient pas trop bien à ce qu'ils disaient. Qu'aviez-vous jamais fait pour la mériter?

ANA. Je n'avais fait que boire, que chanter, qu'être amoureux; et la merveille est qu'on m'a donné le nom de sage à ce prix, au lieu qu'on ne vous a donné que celui de philosophe, qui vous a coûté des peines infinies. Car combien avez-vous passé de nuits à éplucher les questions épineuses de la dialectique? Combien avez-vous composé de gros volumes sur des matières obscures que vous n'entendiez peut-être pas bien vous-même?

ARI. J'avoue que vous avez pris un chemin plus commode pour parvenir à la sagesse, et qu'il fallait être bien habile pour trouver moyen d'acquérir plus de gloire avec votre luth et votre bouteille que les plus grands hommes n'en ont acquis par leurs veilles et par leurs travaux.

ANA. Vous prétendez railler, mais je vous soutiens qu'il est plus difficile de boire et de chanter comme j'ai chanté et comme j'ai bu, que de philosopher comme vous avez philosophé. Pour chanter et pour boire comme moi il faudrait avoir dégagé son âme des passions violentes, n'aspirer plus à ce qui ne dépend pas de nous, s'être disposé à prendre toujours le temps comme il viendrait; enfin il y aurait auparavant bien de petites choses à régler chez soi; et quoiqu'il n'y ait pas grande dialectique à tout cela, on a pourtant de la peine à en venir à bout. Mais on peut à moins de frais philosopher comme vous avez fait. On n'est point obligé à se guérir ni de l'ambition ni de l'avarice; on se fait une entrée agréable à la cour du grand Alexandre; on s'attire des présents de cinq cent mille écus, que l'on n'emploie pas entièrement en expériences de physique, selon l'intention du donateur; et en un mot, cette sorte de philosophie mène à des choses assez opposées à la philosophie.

Ari. Il faut qu'on vous ait fait ici-bas bien des médisances de moi: mais après tout, l'homme n'est homme que par la raison et rien n'est plus beau que d'apprendre aux autres comment ils s'en doivent servir à étudier la nature et à développer toutes ces énigmes qu'elle nous propose.

Ana. Voilà comme les hommes renversent l'usage de tout. La philosophie est en elle-même une chose admirable et qui leur peut être fort utile; mais parce qu'elle les incommoderait si elle se mêlait de leurs affaires, et si elle demeurait auprès d'eux à régler leurs passions, ils l'ont envoyée dans le ciel arranger des planètes et en mesurer les mouvements; ou bien ils la promènent sur la terre pour lui faire examiner tout ce qu'ils y voient. Enfin ils l'occupent toujours le plus loin d'eux qu'il leur est possible. Cependant comme ils veulent être philosophes à bon marché, ils ont l'adresse d'étendre ce nom, et ils le donnent le plus souvent à ceux qui font la recherche des causes naturelles.

Ari. Et quel nom plus convenable leur peut-on donner?

Ana. La philosophie n'a affaire qu'aux hommes et nullement au reste de l'univers. L'astronome pense aux astres, le physicien pense à la nature, et le philosophe pense à soi.[15] Mais qui eût voulu l'être à une condition si dure? Hélas! presque personne. On a donc dispensé les philosophes d'être philosophes et on s'est contenté qu'ils fussent astronomes ou physiciens. Pour moi, je n'ai point été d'humeur à m'engager dans les spéculations; mais je suis sûr qu'il y a moins de philosophie dans beaucoup de livres qui font profession

---

[15] F. here indicates the course that *philosophie* will take during the eighteenth century and also sketches the distinction, not usually made at the time of the *Dialogues*, between philosophy and science.

d'en parler que dans quelques-unes de ces chansonnettes que vous méprisez tant: dans celle-ci par exemple:

> Si l'or prolongeait la vie
> Je n'aurais point d'autre envie
> Que d'amasser bien de l'or;
> La mort me rendant visite,
> Je la renverrais bien vite
> En lui donnant mon trésor.
> Mais si la Parque sévère
> Ne le permet pas ainsi,
> L'or ne m'est plus nécessaire;
> L'amour et la bonne chère
> Partageront mon souci. [16]

ARI. Si vous ne voulez appeler philosophie que celle qui regarde les moeurs, il y a dans mes ouvrages de morale des choses qui valent bien votre chanson; car enfin cette obscurité qu'on m'a reprochée, et qui se trouve peut-être dans quelques-uns de mes livres, ne se trouve nullement dans ce que j'ai écrit sur cette matière; et tout le monde a avoué qu'il n'y avait rien de plus beau ni de plus clair que ce que j'ai dit des passions.

ANA. Quel abus! Il n'est pas question de définir les passions avec méthode, comme on dit que vous avez fait, mais de les vaincre. Les hommes donnent volontiers à la philosophie leurs maux à considérer mais non pas à guérir; et ils ont trouvé le secret de faire une morale qui ne les touche pas de plus près que l'astronomie. Peut-on s'empêcher de rire en voyant des gens qui pour l'argent prêchent le mépris des richesses et des poltrons qui se battent sur la définition du magnanime?

---

[16] Cf. *Elegy and Iambus* (ed. J. M. Edmonds) Loeb Classical Library, II, p. 67 of "The Anacreonta."

Homère (Homer), the supposed author of the *Iliad* and the *Odyssey*, may have lived just before 700 B. C.

Esope (Aesop) was said to have been a slave in Samos in the sixth century B. C. He was credited in antiquity with the authorship of the entire corpus of Greek fable.

DIALOGUE V

Homère, Esope

Homère

En vérité, toutes les fables que vous venez de me réciter ne peuvent être assez admirées. Il faut que vous ayez beaucoup d'art pour déguiser ainsi en petits contes les instructions les plus importantes que la morale puisse donner, et pour couvrir vos pensées sous des images aussi justes et aussi familières que celles-là.

Esope. Il m'est bien doux d'être loué sur cet art par vous qui l'avez si bien entendu.

Ho. Moi? Je ne m'en suis jamais piqué.

Eso. Quoi! N'avez-vous pas prétendu cacher de grands mystères dans vos ouvrages?

Ho. Helas! Point du tout.

Eso. Cependant tous les savants de mon temps le disaient; il n'y avait rien dans l'*Iliade* ni dans l'*Odyssée* à quoi ils ne donnassent les allégories les plus belles du monde. Ils soutenaient que tous les secrets de la théologie, de la psysique, de la morale, et des mathématiques même étaient renfermés dans ce que vous aviez écrit. Véritablement, il y avait quelque difficulté à les développer; où l'un trouvait un sens moral l'autre en trouvait un physique; mais après cela ils convenaient que vous aviez tout su et tout dit à qui le comprenait bien.

Ho. Sens mentir, je m'étais bien douté que de certaines gens ne manqueraient point d'entendre finesse où je n'en avais point entendu. Comme il n'est rien tel que de prophétiser des choses éloignées en attendant l'événement, il n'est rien tel aussi que de débiter des fables en attendant l'allégorie.

Eso. Il fallait que vous fussiez bien hardi pour vous reposer sur vos lecteurs du soin de mettre des allégories dans vos poèmes. Où en eussiez-vous été si on les eût pris au pied de la lettre?

Ho. Hé bien, ce n'eût pas été un grand malheur.

Eso. Quoi, ces dieux qui s'estropient les uns les autres; ce *foudroyant* Jupiter qui dans une assemblée des dieux menace l'*auguste* Junon de la battre; ce Mars, qui étant blessé par Diomède crie, dites-vous, comme neuf ou dix mille hommes, et n'agit pas comme un seul; (car au lieu de mettre tous les Grecs en pièces il s'amuse à s'aller plaindre de sa blessure à Jupiter); tout cela eût été bon sans allégorie?

Ho. Pourquoi non? Vous vous imaginez que l'esprit humain ne cherche que le vrai; détrompez-vous. L'esprit humain et le faux sympathisent extrêmement. Si vous avez la vérité à dire vous ferez fort bien de l'envelopper dans des fables, elle en plaira beaucoup plus. Si vous voulez dire des fables, elles pourront bien plaire sans contenir aucune vérité. Ainsi le vrai a besoin d'emprunter la figure du faux pour être agréablement reçu dans l'esprit humain; mais le faux y entre bien sous sa propre figure car c'est le lieu de sa naissance et de sa demeure ordinaire, et le vrai y est étranger. Je vous dirai bien plus. Quand je me fusse tué à imaginer des fables allégoriques, il eût bien pu arriver que la plupart des gens auraient pris la fable comme une chose qui n'eût point trop été hors d'apparence et auraient laissé là l'allégorie; et en effet vous devez savoir que mes dieux, tels qu'ils sont, et tous mystères à part, n'ont point été trouvés ridicules.

Eso. Cela fait trembler. Je crains furieusement que l'on ne croie que les bêtes aient parlé comme elles font dans mes apologues.

Ho. Voilà une plaisante peur.

Eso. Hé quoi, si l'on a bien cru que les dieux aient pu tenir les discours que vous leur avez fait tenir, pourquoi ne croira-t-on pas que les bêtes aient parlé de la manière dont je les ai fait parler?

Ho. Ah! Ce n'est pas la même chose. Les hommes veulent bien que les dieux soient aussi fous qu'eux, mais ils ne veulent pas que les bêtes soient aussi sages.

Athenais, better known as Eudoxia, was the wife of Arcadius, Emperor of the Eastern Empire. Her way of living earned her the enmity of the patriarch John Chrysostom, whom she forced into exile. Athenais died in 404.

Icasie (Icasia or Kasia) was one of the maidens from among whom King Theophilus was to choose a bride by bestowing upon her a golden apple. The point of the anecdote related by Fontenelle is clearer in the following version: "Theophilus halted before Kasia, a lady of striking beauty and literary attainments, and addressed to her a cynical remark, apparently couched in metrical form, to which she had a ready answer in the same style.

Theophilus: A woman was the fount and source
 Of all man's tribulation.
Kasia: And from a woman sprang the course
 Of man's regeneration.

The boldness of the retort did not please the Emperor, and he gave the golden apple to Theodora." (J. B. Bury, *A History of the Eastern Roman Empire*, London, Macmillan, 1912, p. 82.) This occurred in the spring of 821 and Kasia, frustrated in her hopes, built herself a hermit's cell, thus exchanging, says Joannes Zonaras, (XV, 25) the kingdoms of this world for an imperishable one.

DIALOGUE VI

Athenais, Icasie

Icasie

Puisque vous voulez savoir mon aventure, la voici. L'empereur sous qui je vivais voulut se marier, et pour mieux choisir une impératrice il fit publier que toutes celles qui se croyaient d'une beauté et d'un agrément à prétendre au trône, se trouvassent à Constantinople. Dieu sait l'affluence qu'il y eut. J'y allai, et je ne doutai point qu'avec beaucoup de jeunesse, avec des yeux très vifs, et un air assez agréable et assez fin, je ne pusse disputer l'empire. Le jour que se tint l'assemblée de tant de jolies prétendantes, nous parcourions toutes d'une manière inquiète les visages les unes des autres, et je remarquai avec plaisir que mes rivales me regardaient d'assez mauvais oeil. L'empereur parut. Il passa d'abord plusieurs rangs de belles sans rien dire; mais quand il vint à moi mes yeux me servirent bien, et ils l'arrêtèrent. "En vérité," me dit-il, en me regardant de l'air que je pouvais souhaiter, "les femmes sont bien dangereuses, elles peuvent faire beaucoup de mal." Je crus que ce n'était question que d'avoir un peu d'esprit et que j'étais impératrice; et dans le trouble d'espérance et de joie où je me trouvais, je fis un effort pour répondre. "En récompense, Seigneur, les femmes peuvent faire, et ont fait quelquefois beaucoup de bien." Cette réponse gâta tout. L'empereur la trouva si spirituelle qu'il n'osa m'épouser.

Athenais. Il fallait que cet empereur-là fût d'un caractère bien étrange pour craindre tant l'esprit, et qu'il ne s'y connût guère pour croire que votre réponse en marquât beaucoup, car franchement elle n'est pas trop bonne et vous n'avez pas grand-chose à vous reprocher.

Ica. Ainsi vont les fortunes. L'esprit seul vous a fait impératrice ; et moi, le seule apparence de l'esprit m'a empêché de l'être. Vous saviez même encore la philosophie, ce qui est bien pis que d'avoir de l'esprit ; et avec tout cela vous ne laissâtes d'épouser Théodose le jeune.

At. Si j'eusse eu devant les yeux un exemple comme le vôtre j'eusse eu grande peur. Mon père, après avoir fait de moi une fille fort savante et fort spirituelle, me déshérita, tant il se tenait sûr qu'avec ma science et mon bel esprit je ne pouvais manquer de faire fortune ; et à dire le vrai, je le croyais comme lui. Mais je vois présentement que je courais un grand hasard, et qu'il n'était pas impossible que je demeurasse sans aucun bien et avec la seule philosophie en partage.

Ica. Non assurément ; mais par bonheur pour vous mon aventure n'était pas encore arrivée. Il serait assez plaisant que dans une occasion pareille à celle où je me trouvai, quelque autre qui saurait mon histoire et qui voudrait en profiter, eût la finesse de ne laisser point voir d'esprit et qu'on se moquât d'elle.

At. Je ne voudrais pas répondre que cela lui réussît si elle avait un dessein ; mais bien souvent on fait par hasard les plus heureuses sottises du monde. N'avez-vous pas ouï parler d'un peintre qui avait si bien peint des grappes de raisin que des oiseaux s'y trompèrent et les vinrent becqueter ? Jugez quelle réputation cela lui donna. Mais les raisins étaient portés dans le tableau par un petit paysan : on disait au peintre qu'à la vérité il fallait qu'ils fussent bien faits puisqu'ils attiraient les oiseaux ; mais il fallait aussi que le petit paysan fût bien mal fait puisque les oiseaux n'en avaient point de peur. On avait raison. Cependant si le peintre ne se fût pas oublié dans le petit paysan, les raisins n'eussent pas eu ce succès prodigieux qu'ils eurent. [17]

Ica. En vérité, quoi qu'on fasse dans le monde, on ne sait ce que l'on fait ; et après l'aventure de ce peintre on doit trembler même dans les affaires où l'on se conduit bien, et craindre de

---

[17] The painter was Zeuxis of Heraclea, who flourished in the latter part of the fifth century B. C.

n'avoir pas fait quelque faute qui eût été nécessaire. Tout est incertain. Il semble que la fortune ait soin de donner des succès différents aux mêmes choses afin de se moquer toujours de la raison humaine, qui ne peut avoir de règle assurée. [18]

---

[18] The editions of 1711 has "...qui ne sait où prendre des règles." All other editions have the present text.

Auguste (Gaius Octavius, later known as Augustus) 63 B. C.-A. D. 14, was the grandnephew of Julius Caesar. As the first of the Roman emperors, Augustus tried to restore the ancient, severe morality of the Roman people, and attempted, by sumptuary laws, to restrain luxury.

Pierre l'Arétin (Pietro Aretino) 1492-1557, was a dissolute Italian writer of satire. He was the author of some notorious *Dialogues* (*Ragionamenti*). He developed a blackmailing technique by which he was paid *not* to write. "The thing he traded on most was fear. The language of that century was obliging, adulatory; Aretino's tone was contemptuous and brazen. Printed calumnies were worse than dagger-thrusts, for a printed thing was taken as a true thing: so he traded in calumny, silence and praises." (Francesco de Sanctis, *History of Italian Literature*, New York, Harcourt, Brace, 1931, II, 605.)

DIALOGUES DES MORTS ANCIENS
AVEC
LES MODERNES

DIALOGUE I

Auguste, Pierre Aretin

P. Aretin

Oui, je fus bel esprit dans mon siècle et je fis auprès des princes une fortune assez considérable.

Auguste. Vous composâtes donc bien des ouvrages pour eux?

P. Are. Point du tout. J'avais pension de tous les princes de l'Europe et cela n'eût pas pu être si je me fusse amusé à louer. Ils étaient en guerre les uns avec les autres; quand les uns battaient les autres étaient battus; il n'y avait pas moyen de leur chanter à tous leurs louanges.

Au. Que faisiez-vous donc?

P. Are. Je faisais des vers contre eux. Ils ne pouvaient pas entrer tous dans un panégyrique, mais ils étaient bien tous dans une satire. J'avais si bien répandu la terreur de mon nom qu'ils me payaient tribut pour pouvoir faire des sottises en sûreté. L'Empereur Charles V, dont assurément vous avez entendu parler ici-bas, s'étant allé faire battre fort mal à propos vers les côtes d'Afrique, m'envoya aussitôt une assez belle chaîne d'or. Je la reçus, et la regardant tristement: "Ah! c'est là bien peu de chose," m'écriai-je, "pour une aussi grande folie que celle qu'il a faite."

Au. Vous aviez trouvé là une nouvelle manière de tirer de l'argent des princes.

P. Are. N'avais-je sujet de concevoir l'espérance d'une merveilleuse fortune en m'établissant un revenu sur les sottises d'autrui? C'est un bon fonds et qui rapporte toujours bien.

Au. Quoique vous en puissiez dire, le métier de louer est plus sûr et par conséquent meilleur.

P. Are. Que voulez-vous? Je n'étais pas assez imprudent pour louer.

Au. Et vous l'étiez bien assez pour faire des satires contre les têtes couronnées.

P. Are. Ce n'est pas la même chose. Pour faire des satires il n'est pas toujours besoin de mépriser ceux contre qui on les fait; mais pour donner de certaines louanges fades et outrées il me semble qu'il faut mépriser ceux mêmes à qui on les donne et les croire bien dupes. De quel front Virgile osait-il vous dire qu'on ignorait quel parti vous prendriez parmi les dieux, et que c'était une chose incertaine si vous vous chargeriez du soin des affaires de la terre; ou si vous vous feriez dieu marin en épousant une fille de Thétis qui aurait volontiers acheté de toutes ses eaux l'honneur de votre alliance; ou enfin si vous voudriez vous loger dans le ciel auprès du scorpion, qui tenait la place de deux signes et qui en votre considération se serait mis plus à l'étroit? [19]

Au. Ne soyez pas étonné que Virgile eût ce front-là. Quand on est loué on ne prend pas les louanges avec tant de rigueur; on aide à la lettre, et la pudeur de ceux qui les donnent est bien soulagée par l'amour propre de ceux à qui elles s'adressent. Souvent on croit mériter des louanges qu'on ne reçoit pas; et comment croirait-on ne mériter pas celles qu'on reçoit?

P. Are. Vous espériez donc sur la parole de Virgile que vous épouseriez une nymphe de la mer ou que vous auriez un appartement dans le zodiaque?

Au. Non, non. De ces sortes de louanges-là on en rabat quelque chose pour les réduire à une mesure un peu plus raisonnable; mais à la vérité on n'en rabat guère et on se fait à soi-même une bonne composition. Enfin, de quelque manière outrée qu'on soit loué, on en tirera toujours le profit de croire qu'on est au-dessus de toutes les louanges ordinaires, et que par son mérite on a réduit

---

[19] See *Georgics* I, 24-42.

ceux qui louaient à passer toutes les bornes. La vanité a bien des ressources.

P. Are. Je vois bien qu'il ne faut faire aucune difficulté de pousser les louanges dans tous les excès; mais du moins pour celles qui sont contraires les unes aux autres, comment a-t-on la hardiesse de les donner aux princes? Je gage, par exemple, que quand vous vous vengiez impitoyablement de vos ennemis, il n'y avait rien de plus glorieux selon toute votre cour que de foudroyer tout ce qui avait la témérité de s'opposer à vous; mais qu'aussitôt que vous aviez fait quelque action de douceur les choses changeaient de face, et qu'on ne trouvait plus dans la vengeance qu'une gloire barbare et inhumaine. On louait une partie de votre vie aux dépens de l'autre. Pour moi, j'aurais craint que vous ne vous fussiez donné le divertissement de me prendre par mes propres paroles et que vous ne m'eussiez dit: "Choisissez de la sévérité ou de la clémence pour en faire le vrai caractère d'un héros; mais après cela tenez-vous-en à votre choix."

Au. Pourquoi voulez-vous qu'on y regarde de si près? Il est avantageux aux grands que toutes les matières soient problématiques [20] pour la flatterie. Quoi qu'ils fassent ils ne peuvent manquer d'être loués; et s'ils le sont sur des choses opposées, c'est qu'ils ont plus d'une sorte de mérite.

P. Are. Mais quoi, ne vous venait-il jamais aucun scrupule sur tous les éloges dont on vous accablait? Etait-il besoin de raffiner beaucoup pour s'apercevoir qu'ils étaient attachés à votre rang? Les louanges ne distinguent point les princes, on n'en donne pas plus aux héros qu'aux autres; mais la postérité distingue les louanges qu'on a données à différents princes. Elle confirme les unes et déclare les autres de viles flatteries.

Au. Vous conviendrez donc du moins que je méritais les louanges que j'ai reçues, puisqu'il est sûr que la postérité les a ratifiées par son jugement. J'ai même en cela quelque sujet de me plaindre d'elle; car elle s'est tellement accoutumée à me regarder comme le modèle des princes qu'on les loue d'ordinaire en me les comparant, et souvent la comparaison me fait tort.

---

[20] "Ce qui peut se soutenir, se deffendre dans l'affirmative et dans la negative." *Dict. Acad.* 1694.

P. Are. Consolez-vous, on ne vous donnera plus ce sujet de plainte. De la manière dont tous les morts qui viennent ici parlent de Louis XIV, qui règne aujourd'hui en France, c'est lui qu'on regardera désormais comme le modèle des princes, et je prévois qu'à l'avenir on croira ne les pouvoir louer davantage qu'en leur attribuant quelque rapport avec ce grand roi.

Au. Hé bien, ne croyez-vous pas que ceux à qui s'adressera une exagération si forte l'écouteront avec plaisir?

P. Are. Cela pourra être. On est si avide de louanges qu'on les a dispensées et de la justesse et de la vérité, et de tous les assaisonnements qu'elles devraient avoir.

Au. Il paraît bien que vous voudriez exterminer les louanges. S'il fallait n'en donner que de bonnes, qui se mêlerait d'en donner?

P. Are. Tous ceux qui en donneraient sans intérêt. Il n'appartient qu'à eux de louer D'où vient que votre Virgile a si bien loué Caton en disant qu'il préside à l'assemblée des plus gens de bien, qui dans les Champs-Elysées sont séparées d'avec les autres? C'est que Caton était mort et Virgile, qui n'espérait rien de lui ni de sa famille, ne lui a donné qu'un seul vers et a borné son éloge à une pensée raisonnable. [21] D'où vient qu'il vous a si mal loué en tant de paroles au commencement de ses *Géorgiques*? Il avait pension de vous.

Au. J'ai donc perdu bien de l'argent en louanges?

P. Are. J'en suis fâché. Que ne faisiez-vous ce qu'a fait un de vos successeurs qui, aussitôt qu'il fut parvenu à l'Empire, défendit par un édit exprès que l'on composât jamais de vers pour lui?

Au. Hélas! Il avait plus de raison que moi. Les vraies louanges ne sont pas celles qui s'offrent à nous, mais celles que nous arrachons.

---

[21] *Aeneid* VIII, 670. Cato is, however, mentioned, *Ibid.* VI, 841.

Sapho (Sappho), the poetess, was born on the island of Lesbos about the middle of the seventh century B. C. She was the leader of a group of women who were assembled either for work in music and poetry of for the worship of Aphrodite. The principal subject of her poems is love.

Laure (Laura de Noves or de Sade) 1308-1348, was a Frenchwoman, born in Provence. Famous for her beauty, she was immortalized in the poetry addressed to her by Petrarch. She died of the plague, and the poet's *Canzoniere* describes his love and his grief at her loss.

DIALOGUE II

SAPHO, LAURE

LAURE

Il est vrai que dans les passions que nous avons eues toutes deux les Muses ont été de la partie et y ont mis beaucoup d'agrément: mais il y a cette différence que c'était vous qui chantiez vos amants, et moi j'étais chantée par le mien.

SAPHO. Hé bien, cela veut dire que j'aimais autant que vous étiez aimée.

LAU. Je n'en suis pas surprise, car je sais que les femmes ont d'ordinaire plus de penchant à la tendresse que les hommes. Ce qui me surprend c'est que vous ayez marqué à ceux que vous aimiez tout ce que vous sentiez pour eux, et que vous ayez en quelque manière attaqué leur coeur par vos poésies. Le personnage d'une femme n'est que de se défendre.

SAPH. Entre nous, j'en étais un peu fâchée, c'est une injustice que les hommes nous ont faite. Ils ont pris le parti d'attaquer qui est bien plus aisé que celui de se défendre.

LAU. Ne nous plaignons point, notre parti a ses avantages. Nous qui nous défendons, nous nous rendons quand il nous plaît; mais ceux qui nous attaquent, ils ne sont pas toujours vainqueurs, quand ils le voudraient bien.

SAPH. Vous ne dites pas que si les hommes nous attaquent ils suivent le penchant qu'ils ont à nous attaquer; mais quand nous nous défendons nous n'avons pas trop de penchant à nous défendre.

LAU. Ne comptez-vous pour rien le plaisir de voir par tant de douces attaques si longtemps continuées et redoublées si souvent combien ils estiment la conquête de votre coeur?

Saph. Et ne comptez-vous pour rien la peine de résister à ces douces attaques? Ils en voient le succès avec plaisir dans tous les progrès qu'ils font auprès de nous; et nous, nous serions bien fâchées que notre résistance eût trop de succès.

Lau. Mais enfin, quoiqu'après tous leurs soins ils soient victorieux à bon titre, vous leur faites grâce en reconnaissant qu'ils le sont. Vous ne pouvez plus vous défendre, et ils ne laissent pas de vous tenir compte de ce que vous ne vous défendez plus.

Saph. Ah! Cela n'empêche pas que ce qui est une victoire pour eux ne soit toujours une espèce de défaite pour nous. Ils ne goûtent dans le plaisir d'être aimés que celui de triompher de la personne qui les aime; et les amants heureux ne sont heureux que parce qu'ils sont conquérants.

Lau. Quoi, auriez-vous voulu qu'on eût établi que les femmes attaqueraient les hommes?

Saph. Eh! Quel besoin y a-t-il que les uns attaquent et que les autres se défendent? Qu'on s'aime de part et d'autre autant que le coeur en dira.

Lau. Oh! Les choses iraient trop vite, et l'amour est un commerce si agréable qu'on a bien fait de lui donner le plus de durée que l'on a pu. Que serait-ce, si l'on était reçu dès que l'on s'offrirait? Que deviendraient tous ces soins qu'on prend pour plaire, toutes ces inquiétudes que l'on sent quand on se reproche de n'avoir pas assez plu, tous ces empressements avec lesquels on cherche un moment heureux, enfin tout cet agréable mélange de plaisirs et de peines qu'on appelle amour? Rien ne serait plus insipide si l'on ne faisait que s'entr'aimer.

Saph. Hé bien, s'il faut que l'amour soit une espèce de combat, j'aimerais mieux qu'on eût obligé les hommes à se tenir sur la défensive. Aussi bien ne m'avez-vous pas dit que les femmes avaient plus de penchant qu'eux à la tendresse? A ce compte elles attaqueraient mieux.

Lau. Oui, mais ils se défendraient trop bien. Quand on veut qu'un sexe résiste, on veut qu'il résiste autant qu'il faut pour faire mieux goûter la victoire à celui qui attaque, mais non pas assez pour la remporter. Il doit n'être ni si faible qu'il se rende d'abord ni si fort qu'il ne se rende jamais. C'est là notre caractère, et ce ne serait peut-être pas celui des hommes. Croyez-moi, après qu'on a bien raisonné ou sur l'amour ou sur telle autre matière qu'on voudra, on trouve au bout du compte que les choses sont bien comme elles sont, et que la réforme qu'on prétendrait y apporter gâterait tout.

Socrate (Socrates) 469-399 B. C., the philosopher whose doctrines are interpreted by Plato and Xenophon. Socrates is made game of in Lucian's twentieth and twenty-first dialogues.

Montaigne, Michel Eyquem de (1533-1592) the author of the famous *Essais*.

DIALOGUE III

SOCRATE, MONTAIGNE

MONTAIGNE

C'est donc vous, divin Socrate? Que j'ai de joie de vous voir! Je suis tout fraîchement venu en ce pays-ci, et dès mon arrivée je me suis mis à vous y chercher. Enfin, après avoir rempli mon livre de votre nom et de vos éloges je puis m'entretenir avec vous et apprendre comment vous possédiez cette vertu si *naïve* * dont les *allures* * étaient si naturelles et qui n'avait point d'exemples même dans les heureux siècles où vous viviez.

SOCRATE. Je suis bien aise de voir un mort qui me paraît avoir été philosophe; mais comme vous êtes nouvellement venu de là-haut, et qu'il y a longtemps que je n'ai vu ici personne (car on me laisse assez seul et il n'y a pas beaucoup de presse à rechercher ma coversation) trouvez bon que je vous demande des nouvelles. Comment va le monde? N'est-il pas bien changé?

MON. Extrêmement. Vous ne le reconnaîtriez pas.

So. J'en suis ravi. Je m'étais toujours bien douté qu'il fallait qu'il devînt meilleur et plus sage qu'il n'était de mon temps.

MON. Que voulez-vous dire? Il est plus fou et plus corrompu qu'il n'a jamais été. C'est le changement dont je voulais parler, et que je m'attendais bien à savoir de vous l'histoire du temps que vous avez vu, et où régnait tant de probité et de droiture.

So. Et moi, je m'attendais au contraire à apprendre des merveilles du siècle où vous venez de vivre. Quoi, les hommes d'à présent ne se sont pas corrigés des sottises de l'antiquité?

---

* Termes de Montaigne.

Mon. Je crois que c'est parce que vous êtes ancien que vous parlez de l'antiquité si familièrement; mais sachez qu'on a grand sujet d'en regretter les moeurs, et que de jour en jour tout empire.

So. Cela se peut-il? Il me semble que de mon temps les choses allaient déjà bien de travers. Je croyais qu'à la fin elles prendraient un train plus raisonnable, et que les hommes profiteraient de l'expérience de tant d'années.

Mon. Eh! Les hommes font-ils des expériences? Ils sont faits comme les oiseaux, que se laissent toujours prendre dans les mêmes filets où l'on a déjà pris cent mille oiseaux de leur espèce. Il n'y a personne qui n'entre tout neuf dans la vie, et les sottises des pères sont perdues pour les enfants.

So. Mais quoi, ne fait-on point d'expérience? [22] Je croirais que le monde devrait avoir une vieillesse plus sage et plus réglée que n'a été sa jeunesse.

Mon. Les hommes de tous les siècles ont les mêmes penchants, sur lesquels la raison n'a aucun pouvoir. Ainsi, partout où il y a des hommes il y a des sottises et les mêmes sottises.

So. Et sur ce pied-là, comment voudriez-vous que les siècles de l'antiquité eussent mieux valu que le siècle d'aujourd'hui?

Mon. Ah, Socrate, je savais bien que vous aviez une manière particulière de raisonner et d'envelopper si adroitement ceux à qui vous aviez affaire dans des arguments dont ils ne prévoyaient pas la conclusion, que vous les ameniez où il vous plaisait, et c'est ce que vous appeliez être la sage-femme de leurs pensées et de les faire accoucher. J'avoue que me voilà accouché d'une proposition toute contraire à celle que j'avançais; cependant je ne saurais encore me rendre. Il est sûr qu'il ne se trouve plus de ces âmes *vigoureuses* et *raides* de l'antiquité, des Aristides, des Phocions, des Périclès, ni enfin des Socrates. [23]

---

[22] The editions until that of Brunet, 1742, have: "Mais pourquoi ne fait-on point d'expériences?" All later editions have the present text.

[23] Socrates describes himself as a midwife of thought in *Theatetus* VII. Aristides, called 'The Just,' was an Athenian famous for his patriotism and virtue. Phocion was an Athenian general contemporary with Philip and Alexander of Macedon. Although forty-five times elected polemarch, he was sentenced to death on a charge of treason in 38 B. C. Pericles (500?-429 B. C.) the great Athenian statesman, was a man of powerful character, incorruptible and reserved.

So. A quoi tient-il? Est-ce que la nature s'est épuisée et qu'elle n'a plus la force de produire ces grandes âmes? Et pourquoi ne se serait-elle encore épuisée en rien, hormis en hommes raisonnables? Aucun de ses ouvrages n'a encore dégénéré; pourquoi n'y aurait-il que les hommes qui dégénérassent? [24]

Mon. C'est un point de fait, ils dégénèrent. Il semble que la nature nous ait autrefois montré quelques échantillons de grands hommes pour nous persuader qu'elle en aurait su faire si elle avait voulu, et qu'ensuite elle ait fait tout le reste avec assez de négligence.

So. Prenez garde à une chose. L'antiquité est un objet d'une espèce particulière: l'éloignement le grossit. Si vous eussiez connu Aristide, Phocion, Périclès et moi, puisque vous voulez me mettre de ce nombre, vous eussiez trouvé dans votre siècle des gens qui nous ressemblaient. Ce qui fait d'ordinaire qu'on est si prévenu pour l'antiquité, c'est qu'on a du chagrin contre son siècle et l'antiquité en profite. On met les anciens bien haut pour abaisser ses contemporains. Quand nous vivions, nous estimions nos ancêtres plus qu'ils ne méritaient; et à présent notre postérité nous estime plus que nous ne méritons; mais et nos ancêtres et nous et notre postérité, tout cela est bien égal, et je crois que le spectacle du monde serait bien ennuyeux pour qui le regarderait d'un certain oeil, car c'est toujours la même chose.

Mon. J'aurais cru que tout était en mouvement, que tout changeait, et que les siècles différents avaient leurs différents caractères comme les hommes. En effet, ne voit-on pas des siècles savants et d'autres qui sont ignorants? N'en voit-on pas de naïfs et d'autres qui sont plus raffinés? N'en voit-on pas de sérieux et de badins, de polis et de grossiers?

So. Il est vrai.

Mon. Et pourquoi donc n'y aurait-il pas des siècles plus vertueux et d'autres plus méchants?

So. Ce n'est pas une conséquence. Les habits changent; mais ce n'est pas à dire que la figure des corps change aussi. La politesse ou la grossièreté, la science ou l'ignorance, le plus ou le moins d'une certaine naïveté, le génie sérieux ou badin, ce ne sont là que les

---

[24] F. will develop this argument in his *Digression sur les anciens et les modernes* of 1688.

dehors de l'homme, et tout cela change; mais le coeur ne change point, et tout l'homme est dans le coeur. On est ignorant dans un siècle, mais la mode d'être savant peut venir; on est intéressé, mais la mode d'être désintéressé ne viendra point. Sur ce nombre prodigieux d'hommes assez déraisonnables qui naissent en cent ans, la nature en a peut-être deux ou trois douzaines de raisonnables qu'il faut qu'elle répande par toute la terre; et vous jugez bien qu'ils ne se trouvent jamais nulle part en assez grande quantité pour y faire une mode de vertu et de droiture.

Mon. Cette distribution d'hommes raisonnables se fait-elle également? Il pourrait bien y avoir des siècles mieux partagés les uns que les autres.

So. Tout au plus il y aurait quelque inégalité imperceptible. L'ordre général de la nature a l'air bien constant.[25]

---

[25] All the editions before that of 1742 have: "La nature agit toujours avec beaucoup de règle, mais nous ne jugeons pas comme elle agit." All later editions have the present text.

L'Empereur Adrien (Publius Aelius Hadrianus, Hadrian) was Emperor of Rome from A. D. 117 to 138. He was a patron of learning and architecture and a poet whose best effort is the famous deathbed piece beginning "Animula, vagula, blandula."

Marguerite d'Autriche (Margaret of Austria) 1480-1530, was the daughter of the Emperor Maximilian. She was first betrothed to the Dauphin Charles (Charles VIII) who, however, married Anne of Brittany. She married John, the Spanish crown prince, in 1497, but he died in the same year. She then married Philibert II of Savoy in 1501, and after his death in 1504 her father named her Regent of the Netherlands. She formed the League of Cambrai and negotiated the *Paix des Dames*, 1529.

DIALOGUE IV

L'empereur Adrien, Marguerite d'Autriche

M. d'Autriche

Qu'avez-vous? Je vous vois tout échauffé.

Adrien. Je viens d'avoir une grosse contestation avec Caton d'Utique [26] sur la manière dont nous sommes morts l'un et l'autre. Je prétendais avoir paru dans cette dernière action plus philosophe que lui.

M. d'A. Je vous trouve bien hardi d'oser attaquer une mort aussi fameuse que la sienne. Ne fut-ce pas quelque chose de fort glorieux que de pourvoir à tout dans Utique, de mettre tous ses amis en sûreté, et de se tuer lui-même pour expirer avec la liberté de sa patrie et pour ne pas tomber entre les mains d'un vainqueur, qui cependant lui aurait infailliblement pardonné?

Ad. Oh! Si vous examiniez de près cette mort-là vous y trouveriez bien des choses à redire. Premièrement, il y avait si longtemps qu'il s'y préparait, et il s'y était préparé avec des efforts si visibles, que personne dans Utique ne doutait que Caton ne se dût tuer. Secondement, avant que de se donner le coup il eut besoin de lire plusieurs fois le dialogue où Platon traite de l'immortalité de l'âme. [27] Troisièmement, le dessein qu'il avait pris le rendait de si mauvaise humeur que s'étant couché et ne trouvant point son épée sous le chevet de son lit (car comme on devinait bien ce qu'il avait envie de faire on l'avait ôtée de là) il appela pour la

---

[26] Cato of Utica (95-46 B. C.) supported Pompey in the wars against Caesar. After Pompey's defeat he joined Pompey's followers in Africa. When these, under the command of Scipio, were defeated by Caesar at Thapsus, Cato committed suicide.

[27] The dialogue is, of course, the *Phaedo*.

demander un de ses esclaves, et lui déchargea sur le visage un grand coup de poing dont il lui cassa les dents; ce qui est si vrai qu'il retira sa main toute ensanglantée.

M. D'A. J'avoue que voilà un coup de poing qui gâte bien cette mort philosophique.

AD. Vous ne sauriez croire quel bruit il fit sur cette épée ôtée et combien il reprocha à son fils et à ses domestiques qu'ils le voulaient livrer à César pieds et poings liés. Enfin il les gronda tous de telle sorte qu'il fallut qu'ils sortissent de la chambre et le laissassent se tuer.

M. D'Au. Véritablement les choses pouvaient se passer d'une manière un peu plus tranquille. Il n'avait qu'à attendre doucement le lendemain pour se donner la mort; il n'y a rien de plus aisé que de mourir quand on le veut; mais apparemment les mesures qu'il avait prises en comptant sur sa fermeté étaient prises si juste qu'il ne pouvait plus attendre; et il ne se fût peut-être pas tué s'il eût différé d'un jour.

AD. Vous dites vrai, et je vois que vous vous connaissez en morts généreuses.

M. D'Au. Cependant on dit qu'après qu'on eut apporté cette épée à Caton et que l'on se fut retiré, il s'endormit et ronfla. Cela serait assez beau.

AD. Et le croyez-vous? Il venait de quereller tout le monde et de battre ses valets; on ne dort pas si aisément après un tel exercice. De plus, la main dont il avait frappé l'esclave lui faisait trop de mal pour lui permettre de s'endormir; car il ne put supporter la douleur qu'il y sentait, et il se la fit bander par un médecin, quoiqu'il fût sur le point de se tuer. Enfin, depuis qu'on lui eut apporté son épée jusqu'à minuit il lut deux fois le dialogue de Platon. Or je prouverais bien par un grand souper qu'il donna le soir à tous ses amis, par une promenade qu'il fit ensuite, et par tout ce qui passa jusqu'à ce qu'on l'eut laissé seul dans sa chambre, que quand on lui apporta cette épée il devait être fort tard: d'ailleurs le dialogue qu'il lut deux fois est très long; et par conséquent s'il dormit, il ne dormit guère. En vérité, je crains bien qu'il n'ait fait semblant de ronfler pour en avoir l'honneur auprès de ceux qui écoutaient à la porte de sa chambre.

M. D'Au. Vous ne faites pas mal la critique de sa mort, qui ne laisse pas d'avoir toujours dans le fond quelque chose de fort héroïque. Mais par où pouvez-vous prétendre que la vôtre l'emporte? Autant qu'il m'en souvient vous êtes mort dans votre lit tout uniment et d'une manière qui n'a rien de remarquable.

Ad. Quoi, n'est-ce rien de remarquable que ces vers que je fis presque en expirant?

> Ma petite âme, ma mignonne
> Tu t'en vas donc, ma fille, et Dieu sache où tu vas?
> Tu pars seulette et tremblotante? Hélas!
> Que deviendra ton humeur folichonne?
> Que deviendront tant de jolis ébats?

Caton traita la mort comme une affaire trop sérieuse; mais pour moi, vous voyez que je badinai avec elle; et c'est en quoi je prétends que ma philosophie alla bien plus loin que celle de Caton. Il n'est pas si difficile de braver fièrement la mort que d'en railler nonchalamment, ni de la bien recevoir quand on l'appelle à son secours que quand elle vient sans qu'on ait besoin d'elle.

M. d'Au. Oui, je conviens que la mort de Caton est moins belle que la vôtre; mais par malheur je n'avais point remarqué que vous eussiez fait ces petits vers, en quoi consiste toute la beauté.

Ad. Voilà comme le monde est fait. Que Caton se déchire les entrailles plutôt que de tomber entre les mains de son ennemi, ce n'est peut-être pas au fond si grand-chose; cependant un trait comme celui-là brille extrêmement dans l'histoire, et il n'y a personne qui n'en soit frappé. Qu'un autre meure tout doucement, et se trouve en état de faire des tours badins sur sa mort, c'est plus que ce qu'a fait Caton; mais cela n'a rien qui frappe et l'histoire n'en tient presque pas compte.

M. d'Au. Hélas! Rien n'est plus vrai que ce que vous dites; et moi qui vous parle, j'ai une mort que je prétends plus belle que la vôtre et qui a fait encore moins de bruit. Ce n'est pourtant pas une mort toute entière; mais telle qu'elle est, elle est au-dessus de la vôtre, qui est au-dessus de celle de Caton.

Ad. Comment? Que voulez-vous dire?

M. d'Au. J'étais fille d'un empereur. Je fus fiancée à un fils de roi, et ce prince, après la mort de son père, me renvoya chez le mien malgré la promesse solennelle qu'il avait faite de m'épouser. Ensuite on me fiança encore au fils d'un autre roi; et comme j'allais par mer trouver cet époux mon vaisseau fut battu par une furieuse tempête qui mit ma vie en un danger très évident. Ce fut alors que je me composai moi-même cette épitaphe :

> Ci gît Margot, la gentil' demoiselle,
> Qu'a deux maris et encore est pucelle.

A la vérité je n'en mourus pas, mais il ne tint pas à moi. Concevez bien cette espèce de mort-là, vous en serez satisfait. La fermeté de Caton est outrée dans un genre, la vôtre dans un autre, la mienne est naturelle. Il est trop guindé, vous êtes trop badin, je suis raisonnable.

AD. Quoi, vous me reprochez d'avoir trop peu craint la mort?

M. D'AU. Oui. Il n'y a pas d'apparence que l'on n'ait aucun chagrin en mourant; et je suis sûre que vous vous fîtes alors autant de violence pour badiner que Caton pour se déchirer les entrailles. J'attends un naufrage à tous moments sans m'épouvanter, et je compose de sang froid mon épitaphe : cela est fort extraordinaire; et s'il n'y avait rien qui adoucît cette histoire on aurait raison de ne la croire pas, ou de croire que je n'eusse agi que par fanfaronnade. Mais en même temps je suis une pauvre fille deux fois fiancée et qui ai pourtant le malheur de mourir fille; je marque le regret que j'en ai, et cela met dans mon histoire toute la vraisemblance dont elle a besoin. Vos vers, prenez-y garde, ne veulent rien dire; ce n'est qu'un galimatias composé de petits termes folâtres; mais les miens ont un sens fort clair et dont on se contente d'abord, ce qui fait voir que la nature y parle bien plus que dans les vôtres.

AD. En vérité, je n'eusse jamais cru que le chagrin de mourir avec votre virginité eût dû vous être si glorieux.

M. D'AU. Plaisantez-en tant que vous voudrez; mais ma mort, si elle peut s'appeler ainsi, a encore un avantage essentiel sur celle de Caton et sur la vôtre. Vous aviez tant fait les philosophes l'un et l'autre pendant votre vie que vous vous étiez engagés d'honneur à ne craindre point la mort; et s'il vous eût été permis de la craindre je ne sais ce qui en fût arrivé. Mais moi, tant que la tempête dura, j'étais en droit de trembler et de pousser des cris jusqu'au ciel sans que personne y trouvât à redire, ni m'en estimât moins; cependant je demeurai assez tranquille pour faire mon épitaphe.

Ad. Entre nous, l'épitaphe ne fut-elle point faite sur la terre?

M. d'Au. Ah! cette chicane-là est de mauvaise grâce; je ne vous en ai pas fait de pareille sur vos vers.

Ad. Je me rends donc de bonne foi, et j'avoue que la vertu est bien grande quand elle ne passe point les bornes de la nature.

Erasistrate (Erasistratus of Ceos) a physician, worked in Alexandria in the first half of the third century B. C. He was much interested in research and comparative anatomy. He attributed all diseases to plethora, repletion of the body through undigested nutrition, and hence he favored dietary therapy over phlebotomy and purgation. The story of Antiochus and the fever (summarized in the headnote to the third dialogue, above p. 38) is told by many ancient authors, notably by Plutarch in his life of Demetrius, chapter 38.

Hervé (William Harvey) 1578-1658 was an English physician and the discoverer of the circulation of the blood.

DIALOGUE V

Erasistrate, Hervé

Erasistrate

Vous m'apprenez des choses merveilleuses. Quoi, le sang circule dans le corps? Les veines le portent des extrémités au coeur, et il sort du coeur pour entrer dans les artères qui le reportent vers les extrémités? [28]

Hervé. J'en ai fait voir tant d'expériences que personne n'en doute plus.

Era. Nous nous trompions donc bien, nous autres médecins de l'antiquité, qui croyions que le sang n'avait qu'un mouvement très lent du coeur vers les extrémités du corps; et on vous est bien obligé d'avoir aboli cette vieille erreur.

Her. Je le prétends ainsi, et même on doit m'avoir d'autant plus d'obligation que c'est moi qui ai mis les gens en train de faire toutes ces belles découvertes qu'on fait aujourd'hui dans l'anatomie. [29] Depuis que j'ai eu trouvé une fois la circulation du sang, c'est à qui trouvera un nouveau conduit, un nouveau canal, un nouveau réservoir. Il semble qu'on ait refondu tout l'homme. Voyez combien notre médecine moderne doit avoir d'avantages sur la vôtre. Vous vous mêliez de guérir le corps humain, et le corps humain ne vous était seulement pas connu.

---

[28] The edition of 1715 has: "Les artères le portent du coeur vers les extrémités du corps, où il entre dans les veines, qui le reportent au coeur." All other editions, earlier and later, have the present text.

[29] Among these discoveries may be mentioned that of the vascular coils in the cortex of the kidney as well as of the follicular bodies of the spleen by Malpighi (d. 1694) and the discovery of spermatazoa in dogs and other animals by Leeuwenhoek (1677).

ERA. J'avoue que les modernes sont meilleurs physiciens que nous, ils connaissent mieux la nature ; mais ils ne sont pas meilleurs médecins, nous guérissions les malades aussi bien qu'ils les guérissent. J'aurais bien voulu donner à tous ces modernes et à vous tout le premier le Prince Antiochus à guérir de sa fièvre quarte. Vous savez comme je m'y pris, et comme je découvris par son pouls qui s'émut plus qu'à l'ordinaire en la présence de Stratonice qu'il était amoureux de cette belle reine, et que tout son mal venait de la violence qu'il se faisait pour cacher sa passion. Cependant je fis une cure aussi difficile et aussi considérable que celle-là sans savoir que le sang circulât ; et je crois qu'avec tout le secours que cette connaissance eût pu vous donner, vous eussiez été fort embarrassé en ma place. Il ne s'agissait point de nouveaux conduits ni de nouveaux réservoirs ; ce qu'il y avait de plus important à connaître dans la maladie c'était le coeur.

HER. Il n'est pas toujours question du coeur ; et tous les malades ne sont pas amoureux de leur belle-mère comme Antiochus. Je ne doute point que faute de savoir que le sang circule vous n'ayez laissé mourir bien des gens entre vos mains.

ERA. Quoi, vous croyez vos nouvelles découvertes fort utiles ?[30]

HER. Assurément.

ERA. Répondez donc, s'il vous plaît, à une petite question que je vais vous faire. Pourquoi voyons-nous venir ici tous les jours autant de morts qu'il n'en soit jamais venu ?

HER. Oh, s'ils meurent, c'est leur faute, ce n'est plus celle des médecins.

ERA. Mais cette circulation du sang, ces conduits, ces canaux, ces réservoirs, tout cela ne guérit donc de rien ?

HER. On n'a peut-être pas eu le loisir de tirer quelque usage de tout ce qu'on a appris depuis peu ; mais il est impossible qu'avec le temps on n'en voie de grands effets.

ERA. Sur ma parole, rien ne changera. Voyez-vous, il y a une certaine mesure de connaissances utiles que les hommes ont eue de bonne heure, à laquelle ils n'ont guère ajouté, et qu'ils ne passeront guère, s'ils la passent. Ils ont cette obligation à la nature, qu'elle

---

[30] Ed. of Cologne 1683 has: "Vous croyez donc vos nouvelles découvertes fort utiles?" All later editions have the present text.

leur a inspiré fort promptement ce qu'ils avaient besoin de savoir ; car ils étaient perdus si elle eût laissé à la lenteur de leur raison à le chercher. Pour les autres choses qui ne sont pas si nécessaires, elles se découvrent peu à peu et dans de longues suites d'années.

Her. Il serait étrange qu'en connaissant mieux l'homme on ne le guérît pas mieux.[31] A ce compte, pourquoi s'amuserait-on à perfectionner la science du corps humain? Il vaudrait mieux laisser là tout.

Era. On y perdrait des connaissances fort agréables ; mais pour ce qui est de l'utilité, je crois que découvrir un nouveau conduit dans le corps de l'homme ou une nouvelle étoile dans le ciel est bien la même chose. La nature veut que dans de certains temps les hommes se succèdent les uns aux autres par le moyen de la mort ; il leur est permis de se défendre contre elle jusqu'à un certain point ; mais passé cela, on aura beau faire de nouvelles découvertes dans l'anatomie, on aura beau pénétrer de plus en plus dans les secrets de la structure du corps humain, on ne prendra point la nature pour dupe, on mourra comme à l'ordinaire.

---

[31] Ed. of Cologne 1683: "Ce serait grand-pitié qu'en connaissant mieux" etc. All later editions have the present text.

Bérénice (Berenice II) Queen of Egypt, died in 221 B. C. She was the daughter of King Magus of Cyrene, and her marriage to Ptolemy III Euergetes united Cyrene and Egypt. When her husband went off to war in Syria she dedicated her beautiful hair to Venus so that he might return safe. Soon after the hair had been placed in the temple it disappeared. The astronomer Conon of Samos declared the gods had transferred it to the heavens as a constellation (Coma Berenices).

Cosme II de Medicis (Cosimo II de' Medici) 1590-1621, was Grand Duke of Tuscany. He discontinued the family banking business. Galileo was protected by him and honored with appointments as philosopher and mathematician extraordinary.

DIALOGUE VI

Bérénice, Cosme II de Médicis

C. de Medicis

Je viens d'apprendre de quelques savants qui sont morts depuis peu une nouvelle qui m'afflige beaucoup. Vous savez que Galilée, qui était mon mathématicien, avait découvert de certaines planètes qui tournent autour de Jupiter auxquelles il donna en mon honneur le nom d'Astres de Médicis.[32] Mais on m'a dit qu'on ne les connaît presque plus sous ce nom-là, et qu'on les appelle simplement satellites de Jupiter. Il faut que le monde soit présentement bien méchant et bien envieux de la gloire d'autrui.

Berenice. Sans doute, je n'ai guère vu d'effets plus remarquables de sa malignité.

C. de Me. Vous en parlez bien à votre aise après le bonheur que vous avez eu. Vous aviez fait voeu de couper vos cheveux si votre mari Ptolomée revenait vainqueur de je ne sais quelle guerre. Il revint, ayant défait ses ennemis; vous consacrâtes vos cheveux dans un temple de Vénus, et le lendemain un mathématicien les fit disparaître, et publia qu'ils avaient été changés en une constellation qu'il appela la *Chevelure de Bérénice.* Faire passer des étoiles pour des cheveux d'une femme, c'était bien pis que de donner le nom d'un prince à de nouvelles planètes; cependant votre chevelure a réussi et ces pauvres Astres de Médicis n'ont pu avoir la même fortune.

Be. Si je pouvais vous donner ma chevelure céleste, je vous la donnerais pour vous consoler; et même je serais assez généreuse

---

[32] The satellites of Jupiter were first seen by Galileo on January 7, 1610.

pour ne prétendre pas que vous me fussiez fort obligé de ce présent-là.

C. de Me. Il serait pourtant considérable, et je voudrais que mon nom fût aussi assuré de vivre que le vôtre.

Be. Hélas! Quand toutes les constellations porteraient mon nom, en serais-je mieux? Il serait là-haut dans le ciel, et moi je n'en serais pas moins ici-bas. Les hommes sont plaisants; ils ne peuvent se dérober à la mort, et ils tâchent à lui dérober deux ou trois syllabes qui leur appartiennent. Voilà une belle chicane qu'ils s'avisent de lui faire. Ne vaudrait-il pas mieux qu'ils consentissent de bonne grâce à mourir, eux et leurs noms?

C. de Me. Je ne suis point de votre avis; on ne meurt que le moins qu'il est possible, et tout mort qu'on est, on tâche à tenir encore à la vie, par un marbre où l'on est représenté, par des pierres que l'on a élevées les unes sur les autres, par son tombeau même. On se noie, et on s'accroche à tout cela.

Be. Oui, mais les choses qui devraient garantir nos noms de la mort, meurent elles-mêmes à leur manière. A quoi attacherez-vous votre immortalité? Une ville, un empire même, ne vous en peut pas bien répondre.

C. de Me. Ce n'est pas une mauvaise invention que de donner son nom à des astres; ils demeurent toujours.

Be. Encore de la manière dont j'en entends parler, les astres eux-mêmes sont-ils sujets à caution. On dit qu'il y en a de nouveaux qui viennent et d'anciens qui s'en vont; et vous verrez qu'à la longue il ne me restera peut-être pas un cheveu dans le ciel. Du moins ce qui ne peut manquer à nos noms, c'est une mort, pour ainsi dire, grammaticale; quelques changements de lettres le mettent en état de ne pouvoir plus servir qu'à donner de l'embarras aux savants. Il y a quelque temps que je vis ici-bas des morts qui contestaient avec beaucoup de chaleur l'un contre l'autre. Je m'approchai, je demandai qui ils étaient, et on me répondit que l'un était le Grand Constantin et l'autre un empereur barbare. Ils disputaient sur la préférence de leurs grandeurs passées. Constantin disait qu'il avait été Empereur de Constantinople et le barbare qu'il l'avait été de Stamboul. Le premier, pour faire valoir sa Constantinople, disait qu'elle était située sur trois mers, sur le Pont-Euxin, sur le Bosphore de Thrace, et sur la Propontide. L'autre répliquait que Stamboul commandait aussi à trois mers, à la Mer Noire, au

Détroit, et à la Mer de Marmara. Ce rapport de Constantinople et de Stamboul étonna Constantin; mais après qu'il se fut informé exactement de la situation de Stamboul, il fut encore bien plus surpris de trouver que c'était Constantinople, qu'il n'avait pu reconnaître à cause du changement des noms. "Hélas!" s'écria-t-il, "j'eusse aussi bien fait de laisser à Constantinople son premier nom de Bysance. Qui démêlera le nom de Constantin dans Stamboul? Il y tire bien à sa fin."

C. de Me. De bonne foi, vous me consolez un peu, et je me résous à prendre patience. Après tout, puisque nous n'avons pu nous dispenser de mourir il est assez raisonnable que nos noms meurent aussi; ils ne sont pas de meilleure condition que nous.

Anne de Bretagne (Anne of Brittany) 1477-1514, daughter of Francis II, Duke of Brittany, was the wife of Charles VIII and later of Louis XII. Her daughter, Claude de France, was married to the Duke d'Angoulême, the future Francis I.

Marie d'Angleterre (Mary of England) 1496-1533, Queen of France, was the daughter of Henry VII. Despite her love for Charles Brandon, Duke of Suffolk, she was married to Louis XII after the death of Anne of Brittany. The Duke d'Angoulême, the future Francis I, made advances to her, but three months after the death of Louis XII in 1515 she married Suffolk, who had come from England as the head of an embassy to congratulate the new king.

DIALOGUES DES MORTS MODERNES

DIALOGUE I

Anne de Bretagne, Marie d'Angleterre

A. de Bretagne

Assurément ma mort vous fit grand plaisir. Vous passâtes aussitôt la mer pour aller épouser Louis XII et vous saisir du trône que je laissais vide. Mais vous n'en jouîtes guère, et je suis vengée de vous par votre jeunesse même et par votre beauté, qui vous rendait trop aimable aux yeux du roi et le consolaient trop aisément de ma perte; car elles hâtèrent sa mort et vous empêchèrent d'être longtemps reine.

M. d'Angleterre. Il est vrai que la royauté ne fit que se montrer à moi et disparut en moins de rien.

A. de Bre. Et après cela vous devîntes Duchesse de Suffolk? C'était une belle chute. Pour moi, grâce au ciel, j'ai eu une autre destinée. Quand Charles VIII mourut je ne perdis point mon rang par sa mort, et j'épousai son successeur, ce qui est un exemple de bonheur fort singulier.

M. d'An. M'en croiriez-vous si je vous disais que je ne vous ai jamais envié ce bonheur-là?

A. de Bre. Non. Je conçois trop bien ce que c'est que d'être duchesse de Suffolk après qu'on a été reine de France.

M. d'An. Mais j'aimais le Duc de Suffolk.

A. de Bre. Il n'importe. Quand on a goûté les douceurs de la royauté, en peut-on goûter d'autres?

M. d'An. Oui, pourvu que ce soient celles de l'amour. Je vous assure que vous ne devez point me vouloir de mal de ce que je vous ai succédé; si j'eusse toujours pu disposer de moi je n'eusse été que Duchesse, et je retournai bien vite en Angleterre pour y prendre ce titre dès que je fus déchargée de celui de reine.

A. DE BRE. Aviez-vous les sentiments si peu élevés?

M. D'AN. J'avoue que l'ambition ne me touchait point. La nature a fait aux hommes des plaisirs simples, aisés, tranquilles, et leur imagination leur en a fait qui sont embarrassants, incertains, difficiles à acquérir; mais la nature est bien plus habile à leur faire des plaisirs qu'ils ne le sont eux-mêmes. Que ne se reposent-ils sur elle de ce soin-là? Elle a inventé l'amour, qui est fort agréable, et ils ont inventé l'ambition, dont il n'en était point besoin.

A. DE BRE. Qui vous a dit que les hommes ont inventé l'ambition? La nature n'inspire moins les désirs de l'élévation et du commandement que le penchant de l'amour.

M. D'AN. L'ambition est aisé à reconnaître pour un ouvrage de l'imagination; elle en a le caractère. Elle est inquiète, pleine de projets chimériques; elle va au-delà de ses souhaits dès qu'ils sont accomplis; elle a un terme qu'elle n'attrape jamais.

A. DE BRE. Et malheureusement l'amour en a un qu'il attrape trop tôt.

M. D'AN. Ce qui en arrive, c'est qu'on peut être plusieurs fois heureux par l'amour et qu'on ne le peut être une seule fois par l'ambition; ou s'il est possible qu'on le soit, du moins ces plaisirs-là sont faits pour trop peu de gens; et par conséquent ce n'est point la nature qui les propose aux hommes, car ses faveurs sont toujours très générales. Voyez l'amour; il est fait pour tout le monde. Il n'y a que ceux qui cherchent leur bonheur dans une trop grande élévation à qui il semble que la nature ait envié les douceurs de l'amour. Un roi qui peut s'assurer de cent mille bras ne peut guère s'assurer d'un coeur. Il ne sait si on ne fait pas pour son rang tout ce qu'on aurait fait pour la personne d'un autre. Sa royauté lui coûte tous les plaisirs les plus simples et les plus doux.

A. DE BRE. Vous ne rendez pas les rois beaucoup plus malheureux par cette incommodité que vous trouvez à leur condition. Quand on voit ses volontés non seulement suivies mais prévenues, une infinité de fortunes qui dépendent d'un mot qu'on peut prononcer quand on veut, tant de soins, tant de desseins, tant d'empressements, tant d'application à plaire dont on est le seul objet, en vérité on se console de ne pas savoir tout à fait au juste si on est aimé pour son rang ou pour sa personne. Les plaisirs de l'ambition sont faits, dites-vous, pour trop peu de gens; ce que vous leur reprochez est leur plus grand charme. En fait de bonheur c'est l'exception qui flatte; et ceux qui régnent sont exceptés si avantageusement de la condition des autres hommes que quand ils perdraient quelque chose des plaisirs qui sont communs à tout le monde, ils seraient récompensés du reste.

M. d'An. Ah! Jugez de la perte qu'ils font par la sensibilité avec laquelle ils reçoivent ces plaisirs simples et communs lorsqu'il s'en présente quelqu'un à eux. Apprenez ce que me conta ici l'autre jour une princesse de mon sang qui a régné en Angleterre et fort longtemps et fort heureusement et sans mari.[33] Elle donnait une première audience à des ambassadeurs hollandais qui avaient à leur suite un jeune homme bien fait. Dès qu'il vit la reine il se tourna vers ceux qui étaient auprès de lui et leur dit quelque chose assez bas, mais d'un certain air qui fit qu'elle devina à peu près ce qu'il disait; car les femmes ont un instinct admirable. Les trois ou quatre mots que dit ce jeune Hollandais, qu'elle n'avait pas entendus, lui tinrent plus à l'esprit que toute la harangue des ambassadeurs; et aussitôt qu'ils furent sortis elle voulut s'assurer de ce qu'elle avait pensé. Elle demanda à ceux à qui avait parlé ce jeune homme ce qu'il leur avait dit. Ils lui répondirent avec beaucoup de respect que c'était une chose qu'on n'osait redire à une grande reine, et se défendirent longtemps de la répéter. Enfin quand elle se servit de son autorité absolue, elle apprit que le Hollandais s'était écrié tout bas: "Ah! Voilà une femme bien faite," et avait ajouté quelque expression assez grossière, mais vive, pour marquer qu'il la trouvait à son gré. On ne fit ce récit à la reine qu'en tremblant; cependant il n'en arriva rien autre chose sinon que quand elle congédia les ambassadeurs elle fit au jeune Hollandais un présent fort considérable. Voyez comme au travers de tous les plaisirs de grandeur et de royauté dont elle était environnée ce plaisir d'être trouvée belle alla la frapper vivement.

A. de Bre. Mais enfin elle n'eût pas voulu l'acheter par la perte des autres. Tout ce qui est trop simple n'accommode point les hommes. Il ne suffit pas que les plaisirs touchent avec douceur; on veut qu'ils agitent et qu'ils transportent. D'où vient que la vie pastorale telle que les poètes la dépeignent n'a jamais été que dans

---

[33] Elizabeth I.

leurs ouvrages et ne réussirait pas dans la pratique? Elle est trop douce et trop unie.

M. d'An. J'avoue que les hommes ont tout gâté. Mais d'où vient que la vue d'une cour la plus superbe et la plus pompeuse du monde les flatte moins que les idées qu'ils se proposent quelquefois de cette vie pastorale? C'est qu'ils étaient faits pour elle.[34]

A. de Bre. Ainsi le partage de vos plaisirs simples et tranquilles n'est plus que d'entrer dans les chimères que les hommes se forment.

M. d'An. Non, non. S'il est vrai que peu de gens aient le goût assez bon pour commencer par ces plaisirs-là, du moins on finit volontiers par eux, quand on le peut. L'imagination a fait sa course sur les faux objets et elle revient aux vrais.

---

[34] F. returns to these ideas in his *Traité sur la nature de l'églogue*.

Charles V, Holy Roman Emperor and King of Spain, (1500-1558) ruled an immense domain including Spain and her colonies, Flanders, Austria, Germany and a part of Italy. Charles hoped to establish a universal monarchy and constituted himself the chief defender of Christianity against the Turks. Weary of power and ill, he abdicated in 1555 and retired to end his days in a monastery.

Erasme (Desiderius Erasmus) 1466?-1536 was the greatest humanist of the Renaissance. His *Enchiridion Militis Christiani* (1504) was a plea for a return to the primitive simplicity of early Christianity. Though he long refused to take issue with Luther, he finally did so in *De Libero Arbitrio* (1524). Erasmus was not a philosopher but a man of letters with a marked rationalist bent. His best-known works are the still widely-read *Praise of Folly* (1511) and the *Colloquies* (1516).

DIALOGUE II

CHARLES V, ERASME

ERASME

N'en doutez point; s'il y avait des rangs chez les morts je ne vous céderais pas la préséance.

CHARLES. Quoi, un grammairien, un savant, et pour dire encore plus et pousser votre mérite jusqu'où il peut aller, un homme d'esprit, prétendrait l'emporter sur un prince qui s'est vu maître de la meilleure partie de l'Europe?

ERAS. Joignez-y encore l'Amérique et je ne vous en craindrai pas davantage. Toute cette grandeur n'était, pour ainsi dire, qu'un composé de plusieurs hasards; et qui désassemblerait toutes les parties dont elle était formée vous le ferait voir bien clairement. Si Ferdinand votre grand-père eût été homme de parole, vous n'aviez presque rien en Italie; si d'autres princes que lui eussent eu l'esprit de croire qu'il y avait des antipodes, Christophe Colomb ne se fût pas adressé à lui, et l'Amérique n'était point au nombre de vos états; si après la mort du dernier duc de Bourgogne Louis XI eût bien songé à ce qu'il faisait, l'héritière de Bourgogne n'était point pour Maximilien ni les Pays-Bas pour vous; si Henri de Castille, frère de votre grand-mère Isabelle, n'eût point été en mauvaise réputation auprès des femmes, ou si sa femme n'eût point été d'une vertu assez douteuse, la fille de Henri eût passé pour être sa fille, et le royaume de Castille vous échappait.[35]

---

[35] Ferdinand sent the Archduke Philip to Louis XII to negotiate a treaty which Ferdinand subsequently refused to ratify. Prescott (*History of the Reign of Ferdinand and Isabella*, London, 1838, III, 149) remarks that if Philip did not exceed his instructions, "the negotiations must be admitted to

CHAR. Vous me faites trembler. Il me semble qu'à l'heure qu'il est je perds ou la Castille ou les Pays-Bas ou l'Amérique ou l'Italie.

ERAS. N'en raillez point. Vous ne sauriez plus donner un peu plus de bon sens à l'un ou de bonne foi à l'autre, qu'il ne vous en coûte beaucoup. Il n'y a pas jusqu'à l'impuissance de votre grand oncle ou jusqu'à la coquetterie de votre grand-tante qui ne vous soient nécessaires. Voyez combien c'est un édifice délicat que celui qui est fondé sur tant de choses qui dépendent du hasard.

CHAR. En vérité, il n'y a pas moyen de soutenir un examen aussi sévère que le vôtre. J'avoue que vous faites disparaître toute ma grandeur et tous mes titres.[36]

ERAS. Ce sont là pourtant ces qualités dont vous prétendiez vous parer; je vous en ai dépouillé sans peine. Vous souvient-il d'avoir ouï dire que l'Athénien Cimon, ayant fait beaucoup de Perses prisonniers, exposa en vente d'un côté leurs habits et de l'autre leurs corps tout nus, et que comme les habits étaient d'une grande magnificence, il y eut presse à les acheter, mais que pour les hommes personne n'en voulut?[37] De bonne foi, je crois que

---

exhibit on the part of Ferdinand as gross an example of political jugglery as ever disgraced the annals of diplomacy."

Columbus first proposed his western voyage to John II of Portugal, and, after a first rebuff in Spain, to the Dukes of Medina Sidonia and Medina Celi.

After the death of Charles the Bold his daughter, Mary of Burgundy, married Maximilian of Austria. Despite the annexation of the duchy by Louis XI, the lands proceeding from the succession of Charles the Bold (Brabant, Hainaut, Limburg, Namur, Gelderland, etc.) returned to the Empire and so descended to Charles V. The first marriage of Henry IV of Castile to Blanche of Aragon was dissolved on the ground of the king's impotence. His second marriage was with Joanna of Portugal. Her daughter was universally believed to have been fathered by her favorite, Beltran de Cueva, and although she was named Joanna, the child was better known as Beltraneja. The cortes at first acknowledged her as the legitimate heir but later withdrew this recognition and did hommage to Isabella the Catholic, grandmother of Charles V. (Prescott, *op. cit.* I, 172-173; 250-251.)

[36] The editions up to 1711 have: "J'avoue que toutes mes grandeurs et tous mes titres disparaissent devant vous." All later editions have the present reading.

[37] As Plutarch tells this story in his life of Cimon (XV) the choice of the men as against that of their clothing was a shrewd stroke, for the Athenians profited more from ransoms than they would have done from booty.

ce qui arriva à ces Perses arriverait à bien d'autres si l'on séparait leur mérite personnel d'avec celui que la fortune leur a donné.

CHAR. Mais quel est ce mérite personnel?

ERAS. Faut-il le demander? Tout ce qui est en nous. L'esprit, par exemple, les sciences.

CHAR. Et l'on peut avec raison en tirer de la gloire?

ERAS. Sans doute. Ce ne sont pas des biens de fortune, comme la noblesse ou les richesses.

CHAR. Je suis surpris de ce que vous dites. Les sciences ne viennent-elles pas aux savants comme les richesses viennent à la plupart des gens riches? N'est-ce pas par voie de succession? Vous héritiez des anciens, vous autres hommes doctes, ainsi que nous de nos pères. Si on nous a laissé tout ce que nous possédons, on vous a laissé aussi tout ce que vous savez; et de là vient que beaucoup de savants regardent ce qu'ils ont reçu des anciens avec le même respect que quelques gens regardent la terre et les maisons de leurs aïeux, où ils seraient bien fâchés de rien changer.

ERAS. Mais les grands naissent héritiers de la grandeur de leurs pères, et les savants n'étaient pas nés héritiers des connaissances des anciens. La science n'est point une succession qu'on reçoit, c'est une acquisition toute nouvelle que l'on entreprend de faire; ou si c'est une succession elle est assez difficile à recueillir pour être fort honorable.

CHAR. Hé bien, mettez la peine qui se trouve à acquérir les biens de l'esprit contre celle qui se trouve à conserver les bien de la fortune, voilà les choses égales; car enfin, si vous ne regardez que la difficulté, souvent les affaires du monde en ont bien autant que les spéculations du cabinet.

ERAS. Mais ne parlons point de la science, tenons-nous-en à l'esprit. Ce bien-là ne dépend aucunement du hasard.

CHAR. Il n'en dépend point? Quoi, l'esprit ne consiste-t-il pas dans une certaine conformation du cerveau, et le hasard est-il moindre de naître avec un cerveau bien disposé que de naître d'un père qui soit roi? Vous étiez un grand génie; mais demandez à tous les philosophes à quoi il tenait que vous ne fussiez stupide et hébété; presque à rien, à une petite disposition de fibres, enfin à quelque chose que l'anatomie la plus délicate ne saurait jamais apercevoir. Et après cela, ces Messieurs les beaux-esprits nous oseront soutenir qu'il n'y a qu'eux qui aient des biens indépendants du hasard, et ils se croiront en droit de mépriser tous les autres hommes?

Eras. A votre compte être riche ou avoir de l'esprit, c'est le même mérite.

Char. Avoir de l'esprit est un hasard plus heureux, mais au fond c'est toujours un hasard.

Eras. Tout est donc hasard?

Char. Oui, pourvu qu'on donne ce nom à un ordre que l'on ne connaît point. Je vous laisse à juger si je n'ai pas dépouillé les hommes encore mieux que vous n'aviez fait; vous ne leur ôtiez que quelques avantages de la naissance, et je leur ôte jusqu'à ceux de l'esprit. Si avant que de tirer vanité d'une chose ils voulaient s'assurer bien qu'elle leur appartînt, il n'y aurait guère de vanité dans le monde.

Elisabeth d'Angleterre (Queen Elizabeth I) 1533-1603. Instead of being influenced by the example of Henry VIII, as Fontenelle suggests, one may suppose that Elizabeth's desire to preserve her independence accounts for her not having married.

Le Duc d'Alençon (Francis, Duke d'Anjou earlier Duke d'Alençon) 1554-1584, was the brother of Henri III. He seems to have wished to prevent the latter's return from Poland so as to have the throne for himself. After plotting against Charles IX, he made himself leader of the Flemings, who were in rebellion against Philip II, and was recognized as sovereign of the Notherlands in 1582. It was then that negotiations were opened for his marriage to Elizabeth, and he crossed to England. When the negotiations failet he returned to Flanders, but a revolt of his new subjects forced him to flee.

DIALOGUE III

Elisabeth d'Angleterre, le Duc d'Alençon

Le Duc

Mais pourquoi m'avez-vous si longtemps flatté de l'espérance de vous épouser puisque vous étiez résolue dans l'âme à ne rien conclure?

Elisabeth. J'en ai bien trompé d'autres qui ne valaient pas moins que vous. J'ai été la Pénélope de mon siècle. Vous, le Duc d'Anjou votre frère, l'Archiduc, le Roi de Suède, vous étiez tous des poursuivants qui en vouliez à une île bien plus considérable que celle d'Ithaque; je vous ai tenus en haleine pendant une longue suite d'années, et à la fin je me suis moquée de vous.

Le Duc. Il y a ici de certains morts qui ne tomberaient pas d'accord que vous ressemblassiez tout à fait à Pénélope; mais on ne trouve point de comparaisons qui ne soient défectueuses en quelque point.

Eli. Si vous n'étiez pas encore aussi étourdi que vous l'étiez et que vous puissiez songer à ce que vous dites...

Le Duc. Bon, je vous conseille de prendre votre sérieux. Voilà comme vous avez toujours fait de fanfaronnades de virginité; témoin cette grande contrée d'Amérique à laquelle vous fîtes donner le nom de Virginie en mémoire de la plus douteuse de toutes vos qualités. Ce pays-là serait assez mal nommé si ce n'était que par bonheur il est dans un autre monde; mais il n'importe, ce n'est pas là de quoi il s'agit. Rendez-moi un peu raison de cette conduite mystérieuse que vous avez tenue et de tous ces projets de mariage qui n'ont abouti à rien. Est-ce que les six mariages de Henri VIII votre père vous apprirent à vous ne point marier, comme les courses perpétuelles de Charles V apprirent à Philippe II à ne point sortir de Madrid?

Eli. Je pourrais m'en tenir à la raison que vous me fournissez; en effet, mon père passa toute sa vie à se marier et à se démarier, à répudier quelques-unes de ses femmes et à faire couper la tête aux autres. Mais le vrai secret de ma conduite, c'est que je trouvais qu'il n'y avait rien de plus joli que de former des desseins, de faire des préparatifs, et de n'exécuter point. Ce qu'on a le plus ardemment désiré diminue de prix dès qu'on l'obtient, et les choses ne passent point de notre imagination à la réalité qu'il n'y ait de la perte. Vous venez en Angleterre pour m'épouser; ce ne sont que bals, que fêtes, que réjouissances; je vais même jusqu'à vous donner un anneau. Jusque là tout est le plus riant du monde; tout ne consiste qu'en apprêts et en idées; aussi ce qu'il y a d'agréable dans le mariage est déjà épuisé. Je m'en tiens là et vous renvoie.

Le Duc. Franchement, vos maximes ne m'eussent point accommodé; j'eusse voulu quelque chose de plus que des chimères.

Eli. Ah! Si l'on ôtait les chimères aux hommes, quel plaisir leur resterait-il? Je vois bien que vous n'aurez point senti tous les agréments qui étaient dans votre vie; mais en vérité vous êtes bien malheureux qu'ils aient été perdus pour vous.

Le Duc. Quoi, quels agréments y avait-il dans ma vie? Rien ne m'a jamais réussi. J'ai pensé quatre fois être roi; d'abord il s'agissait de la Pologne; ensuite de l'Angleterre et des Pays-Bas; enfin la Fance devait apparemment m'appartenir; cependant je suis arrivé ici sans avoir régné.[38]

Eli. Et voilà ce bonheur dont vous ne vous êtes pas aperçu. Toujours des imaginations, des espérances, et jamais de réalité. Vous n'avez fait que vous préparer à la royauté pendant toute votre vie, comme je n'ai fait pendant toute la mienne que me préparer au mariage.

Le Duc. Mais comme je crois qu'un mariage effectif pouvait vous convenir, je vous avoue qu'une véritable royauté eût été assez de mon goût.

Eli. Les plaisirs ne sont point assez solides pour souffrir qu'on les approfondisse, il ne faut que les effleurer: ils ressemblent à ces terres marécageuses sur lesquelles on est obligé de courir légèrement sans y arrêter jamais le pied.

---

[38] Ed. of Cologne 1683 has: "...et au bout du compte je n'ai été roi de rien." All later editions have the present reading.

Guillaume de Cabestan (Guilhem de Cabestanh) seems to have been a native of Montpellier. He was a troubadour at Roussillon, but little can be deduced about his life from his nine extant poems. He was still alive in 1212 and was fighting the Moors at Las Navas de Tolosa. The story that the unfaithful wife of Raimon de Château-Roussillon was fed the poet's heart by her vengeful husband is a mere legend and nothing is known of Guilhem's supposed insanity.

Albert-Frédéric de Brandebourg (Albert-Frederick of Brandenburg, Duke of Prussia) 1553-1618 was invested as Duke of Prussia by Sigismund II, King of Poland, at Lublin in 1566. Two years later he succeeded his father and on 7 February 1573 he married Marie-Eleonore of Cleves. Having become insane he was cared for and his estates were administered by various members of his family.

DIALOGUE IV

Guillaume de Cabestan, Albert-Frédéric de Brandebourg

A. F. de Brandebourg

Je vous aime mieux d'avoir été fou aussi bien que moi. Apprenez-moi un peu l'histoire de votre folie : comment vint-elle?

G. de Cabestan. J'étais un poète provençal fort estimé dans mon siècle, ce qui ne fit que me porter malheur. Je devins amoureux d'une dame que mes ouvrages rendirent illustre; mais elle prit tant de goût à mes vers qu'elle craignit que je n'en fisse un jour pour quelqu'autre; et afin de s'assurer de la fidélité de ma muse, elle me donna un maudit breuvage qui me fit tourner l'esprit et me mit hors d'état de composer.

A. F. de Bran. Combien y a-t-il que vous êtes mort?

G. de Ca. Il y a peut-être quatre cents ans.

A. F. de Bran. Il fallait que les poètes fussent bien rares dans votre siècle, puisqu'on les estimait assez pour les empoisonner de cette manière-là. Je suis fâché que vous ne soyez pas né dans le siècle où j'ai vécu, vous eussiez pu faire des vers pour toutes sortes de belles sans aucune crainte de poison.

G. de Ca. Je le sais. Je ne vois aucun de tous ces beaux-esprits qui viennent ici se plaindre d'avoir eu ma destinée. Mais vous, de quelle manière devîntes-vous fou?

A. F. de Bran. D'une manière fort raisonnable. Un roi l'est devenu pour avoir vu un spectre dans une forêt; ce n'était point grand-chose, mais ce que je vis était beaucoup plus terrible.

G. de Ca. Eh! que vîtes-vous?

A. F. de Bran. L'appareil de mes noces. J'épousais Marie-Eléonor de Clèves, et je fis pendant cette grande fête des réflexions sur le mariage si judicieuses que j'en perdis le jugement.

G. de Ca. Aviez-vous dans votre maladie quelques bons intervalles?

A. F. de Bran. Oui.

G. de Ca. Tant pis; et moi je fus encore plus malheureux : l'esprit me revint tout à fait.

A. F. de Bran. Je n'eusse jamais cru que ce fût là un malheur.

G. de Ca. Quand on est fou il faut l'être entièrement et ne cesser jamais de l'être. Ces alternatives de raison et de folie n'appartiennent qu'à ces petits fous qui ne le sont que par accident et dont le nombre n'est nullement considérable. Mais voyez ceux que la nature produit tous les jours dans son cours ordinaire et dont le monde est peuplé; ils sont toujours également fous et ils ne se guérissent jamais.

A. F. de Bran. Pour moi je me serais figuré que le moins qu'on pouvait être fou, c'était toujours le mieux.

C. de Ca. Ah! Vous ne savez donc pas à quoi sert la folie? Elle sert à empêcher qu'on ne se connaisse; car la vue de soi-même est bien triste; et comme il n'est jamais temps de se connaître, il ne faut pas que la folie abandonne les hommes un seul moment.

A. F. de Bran. Vous avez beau dire, vous ne me persuaderez point qu'il y ait d'autres fous que ceux qui le sont comme nous l'avons été tous les deux. Tout le reste des hommes a de la raison; autrement ce ne serait rien perdre que de perdre l'esprit, et on ne distinguerait point les frénétiques d'avec les gens de bon sens.

G. de Ca. Les frénétiques sont seulement des fous d'un autre genre. Les folies de tous les hommes étant de même nature, elles se sont si aisément ajustées ensemble qu'elles ont servi à faire les plus forts liens de la société humaine; témoin ce désir d'immortalité, cette fausse gloire, et beaucoup d'autres principes sur quoi roule tout ce qui se fait dans le monde; et l'on n'appelle plus fous que de certains fous qui sont pour ainsi dire hors d'oeuvre et dont la folie n'a pu s'accorder avec celles de tous les autres, ni entrer dans le commerce ordinaire de la vie.

A. F. de Bran. Les frénétiques sont si fous que le plus souvent ils se traitent de fous les uns les autres; mais les autres hommes se traitent de personnes sages.

G. de Ca. Ah! Que dites-vous? Tous les hommes s'entremontrent au doigt, et cet ordre est fort judicieusement établi par la nature. Le Solitaire se moque du Courtisan, mais en récompense il ne le va point troubler à la cour; le Courtisan se moque du Solitaire mais il le laisse en repos dans sa retraite. S'il y avait quelque parti qui fût reconnu pour le seul parti raisonnable, tout le monde voudrait l'embrasser et il y aurait trop de presse; il vaut mieux qu'on se divise en plusieurs petites troupes qui ne s'entr'embarrassent point, parce que les unes rient de ce que les autres font.

A. F. DE BRAN. Tout mort que vous êtes je vous trouve bien fou avec vos raisonnements; vous n'êtes pas encore bien guéri du breuvage qu'on vous donna.

G. DE CA. Et voilà l'idée qu'il faut qu'un fou conçoive toujours d'un autre. La vraie sagesse distinguerait trop ceux qui la posséderaient; mais l'opinion de sagesse égale tous le hommes et ne les satisfait pas moins.

Agnès Sorel (1422?-1450) was the mistress of Charles VII of France. A friend of Etienne Chevalier and Jacques Coeur, she appears to have exerted a beneficent influence over the king in political matters.

Roxelane (Khurrem Sultan, Roxelana) 1505?-1561, a Russian by birth, was the favorite wife of Sultan Soliman II. Ferociously ambitious for her son, the future Selim II, she condemned to death the Grand Vizir Ibrahim and convinced Soliman that his son Mustapha was in traitorous relations with the King of Persia. Soliman thereupon had Mustapha strangled and Selim became his heir.

DIALOGUE V

AGNÈS SOREL, ROXELANE

A. SOREL

A vous dire le vrai, je ne comprends point votre galanterie turque. Les belles du sérail ont un amant qui n'a qu'à dire "Je le veux"; elles ne goûtent jamais le plaisir de la résistance, et elles ne lui fournissent jamais le plaisir de la victoire; c'est-à-dire que tous les agréments de l'amour sont perdus pour les sultans et pour leurs sultanes.

ROXELANE. Que voulez-vous? Les empereurs turcs, qui sont extrêmement jaloux de leur autorité, ont négligé par des raisons de politique ces douceurs de l'amour si raffinées. Ils ont craint que les belles qui ne dépendraient pas absolument d'eux n'usurpassent trop de pouvoir sur leur esprit et ne se mêlassent trop des affaires.

A. So. Hé bien, que savent-ils si ce serait un malheur? L'amour est quelquefois bon à bien des choses; et moi qui vous parle, si je n'avais eu beaucoup d'empire sur lui, je ne sais où en serait la France à l'heure qu'il est. Avez-vous ouï dire combien nos affaires étaient désespérées sous Charles VII, et en quel état se trouvait réduit tout le royaume dont les Anglais étaient presque entièrement les maîtres?

Ro. Oui; comme cette histoire a fait grand bruit, je sais qu'une certaine Pucelle sauva la France. C'est donc vous qui étiez cette Pucelle-là? Et comment étiez-vous en même temps maîtresse du roi?

A. So. Vous vous trompez; je n'ai rien de commun avec la Pucelle dont on vous a parlé. Le roi, dont j'étais aimée, voulait abandonner son royaume aux usurpateurs étrangers et s'aller cacher dans un pays de montagnes où je n'eusse pas été trop aise de le suivre. Je m'avisai d'un stratagème pour le détourner de ce dessein. Je fis venir un astrologue avec qui je m'entendais secrètement; et après qu'il eut fait semblant de bien étudier ma nativité, il me dit un jour en présence de Charles VII que tous les astres étaient trompeurs ou que j'inspirerais une longue passion à un grand roi. Aussitôt je dis à Charles: "Vous ne trouverez donc pas mauvais, Sire, que je passe à la cour d'Angleterre; car vous ne voulez plus être roi et il n'y a pas assez de temps que vous m'aimez pour avoir rempli ma destinée." La crainte qu'il eut de me perdre lui fit prendre la résolution d'être Roi de France, et il commença dès lors à se rétablir. Voyez combien la France est obligée à l'amour et combien ce royaume doit être galant, quand ce ne serait que par reconnaissance.

Ro. Il est vrai, mais j'en reviens à ma Pucelle. Qu'a-t-elle donc fait? L'histoire se serait assez trompée pour attribuer à une jeune paysanne pucelle ce qui appartenait à une dame de la cour, maîtresse du roi?

A. So. Quand l'histoire se serait trompée jusqu'à ce point ce ne serait pas une si grande merveille. Cependant il est sûr que la Pucelle anima beaucoup les soldats, mais moi, j'avais auparavant animé le roi. Elle fut d'un grand secours à ce prince, qu'elle trouva ayant les armes à la main contre les Anglais; mais sans moi elle ne l'eût pas trouvé en cet état. Enfin, vous ne douterez plus de la part que j'ai dans cette grande affaire quand vous saurez le témoignage qu'un des successeurs* de Charles VII a rendu en ma faveur dans ce quatrain:

> Gentille Agnès, plus d'honneur en mérite,
> La cause étant de France recouvrer,
> Que ce peut dedans un cloître ouvrer,
> Close nonnain ou que bien dévot hermite. [39]

---

* François Ier.

[39] The following version of this epitaph is given in *Poésies du Roi François Premier...*, edited by Aimé Champollion-Figeac (Paris, Imprimerie royale, 1847) p. 153:

> Ici dessoubz des belles gist l'eslite:
> Car de louange sa beaulté plus mérite
> Estant cause de France recouvrer,
> Que tout ce que en cloistre peult ouvrer
> Close nonnain, ny en désert hermite.

Qu'en dites-vous, Roxelane? Vous m'avouerez que si j'eusse été une sultane comme vous, et que je n'eusse pas eu le droit de faire à Charles VII la menace que je lui fis, il était perdu.

Ro. J'admire la vanité que vous tirez de cette petite action. Vous n'aviez nulle peine à acquérir beaucoup de pouvoir sur l'esprit d'un amant, vous qui étiez libre et maîtresse de vous-même; mais moi, toute esclave que j'étais, je ne laissai pas de m'asservir le sultan. Vous avez fait Charles VII roi presque malgré lui; et moi de Soliman j'en fis mon époux malgré qu'il en eût.

A. So. Hé quoi? On dit que les sultans n'épousent jamais.

Ro. J'en conviens; cependant je me mis en tête d'épouser Soliman, quoique je ne pusse l'amener au mariage par l'espérance d'un bonheur qu'il n'eut pas encore obtenu. Vous allez entendre un stratagème plus fin que le vôtre. Je commençai à bâtir des temples et à faire beaucoup d'autres actions pieuses, après quoi je fis paraître une mélancolie profonde. Le sultan m'en demanda la cause mille et mille fois; et quand j'eus fait toutes les façons nécessaires je lui dis que le sujet de mon chagrin était que toutes mes bonnes actions, à ce que m'avaient dit nos docteurs, ne me servaient de rien, et que comme j'étais esclave je ne travaillais que pour Soliman mon seigneur. Aussitôt Soliman m'affranchit afin que le mérite de mes bonnes actions tombât sur moi-même. Mais quand il voulut vivre avec moi comme à l'ordinaire et me traiter en sultane du sérail je lui marquai beaucoup de surprise et lui représentai avec un grand sérieux qu'il n'avait nul droit sur la personne d'une femme libre. Soliman avait la conscience délicate; il alla consulter ce cas[40] à un docteur de la loi avec qui j'avais intelligence. Sa réponse fut que le sultan se gardât bien de prendre rien sur moi qui n'étais plus son esclave, et que s'il ne m'épousait je ne pouvais être à lui. Alors le voilà plus amoureux que jamais. Il n'avait qu'un seul parti à prendre, mais un parti fort extraordinaire

---

A variant of this, having as first line

Plus de louange et d'honneur tu mérite

and the rest of the text as quoted by F. is attributed to Mellin de Saint Gelais by Champollion-Figeac.

[40] "*Consulter*, régit aussi l'accusatif de la chose, sur quoy on prend conseil." *Dict. Acad.* 1694.

et même dangereux à cause de la nouveauté ; cependant il le prit et m'épousa.

A. So. J'avoue qu'il est beau d'assujetir ceux qui se précautionnent tant contre notre pouvoir.

Ro. Les hommes ont beau faire ; quand on les prend par les passions on les mène où l'on veut. Qu'on me fasse revivre et qu'on me donne l'homme du monde le plus impérieux, je ferai de lui tout ce qu'il me plaira, pourvu que j'aie beaucoup d'esprit, assez de beauté et peu d'amour.

Jeanne I de Naples (Joanna I, Queen of Naples) 1327?-1382. Having perhaps connived at the assassination of her first husband Andrew, son of Charles-Robert, King of Hungary, the queen purchased pardon from Pope Clement VI by selling him the town of Avignon. Two subsequent marriages having given her no sons, she made Louis I, duc d'Anjou, her heir; but Charles, duke of Durazzo, captured Naples and put Joanna to death at Aversa where her first husband had been assassinated. Joanna was the intimate of such poets as Petrarch and Boccaccio.

Anselme (Giorgio Anselmo of Parma) Italian musician, physician and astrologer, died before the year 1443. Almost nothing was known of him before the discovery of the manuscript of his *De Harmonia* in 1824; little enough is known now, but if the date of 1443 for his death is correct he could hardly have been associated with Joanna I.

DIALOGUE VI

Jeanne I de Naples, Anselme

J. de Naples

Quoi, ne pouvez-vous pas me faire quelque prédiction ? Vous n'avez pas oublié toute l'astrologie que vous saviez autrefois ?

Anselme. Et comment la mettre en pratique ? Nous n'avons point ici de ciel ni d'étoiles.

J. de Na. Il n'importe. Je vous dispense d'observer les règles si exactement.

An. Il serait plaisant qu'un mort fît des prédictions. Mais encore sur quoi voudriez-vous que j'en fisse ?

J. de Na. Sur moi, sur ce qui me regarde.

An. Bon ! Vous êtes morte et vous le serez toujours ; voilà tout ce que j'ai à vous prédire. Est-ce que notre condition ou nos affaires peuvent changer ?

J. de Na. Non, mais aussi c'est ce qui m'ennuie cruellement ; et quoique je sache qu'il ne m'arrivera rien, si vous vouliez pourtant me prédire quelque chose cela ne laisserait pas de m'occuper. Vous ne sauriez croire combien il est triste de n'envisager aucun avenir. Une petite prédiction, je vous en prie, telle qu'il vous plaira.

An. On croirait, à voir votre inquiétude, que vous seriez encore vivante. C'est ainsi qu'on est fait là-haut. On n'y saurait être en patience ce qu'on est ; on anticipe toujours sur ce qu'on sera ; mais ici il faut que l'on soit plus sage.

J. de Na. Ah ! Les hommes n'ont-ils pas raison d'en user comme ils font ? Le présent n'est qu'un instant, et ce serait grand-pitié qu'ils fussent réduits à borner là toutes leurs vues. Ne vaut-il pas mieux qu'ils les étendent le plus qu'il leur est possible, et qu'ils gagnent quelque chose sur l'avenir? C'est toujours autant dont ils se mettent en possession par avance.[41]

An. Mais aussi ils empruntent tellement sur l'avenir par leurs imaginations et par leurs espérances que quand il est enfin présent ils trouvent qu'il est tout épuisé, et ils ne s'en accommodent plus. Cependant ils ne se défont point de leur impatience ni de leur inquiétude; le grand leurre des hommes, c'est toujours l'avenir; et nous autres astrologues, nous le savons mieux que personne. Nous leur disons hardiment qu'il y a des signes froids et des signes chauds; qu'il y en a de mâles et de femelles; qu'il y a des planètes bonnes et mauvaises, et d'autres qui ne sont ni bonnes ni mauvaises d'elles-mêmes mais qui prennent l'un ou l'autre caractère selon la compagnie où elles se trouvent; et toutes ces fadaises sont fort bien reçues parce qu'on croit qu'elles mènent à la connaissance de l'avenir.

J. de Na. Quoi, n'y mènent-elles pas en effet? Je trouve bon que vous qui avez été mon astrologue, vous me disiez du mal de l'astrologie!

An. Ecoutez, un mort ne voudrait pas mentir. Franchement je vous trompais avec cette astrologie que vous estimiez tant.

J. de Na. Oh! Je ne vous en crois pas vous-même. Comment m'eussiez-vous prédit que je devais me marier quatre fois? Y avait-il la moindre apparence qu'une personne un peu raisonnable s'engageât quatre fois de suite dans le mariage? Il fallait bien que vous eussiez lu cela dans les cieux.

An. Je les consultai beaucoup moins que vos inclinations; mais après tout quelques prophéties qui réussissent ne prouvent rien. Voulez-vous que je vous mène à un mort qui vous contera une histoire assez plaisante? Il était astrologue et ne croyait non plus que moi à l'astrologie. Cependant, pour essayer s'il y avait quelque chose de sûr dans son art, il mit un jour tous ses soins à bien observer les règles et prédit à quelqu'un des événements particuliers, plus difficiles à deviner que vos quatre mariages. Tout ce qu'il avait prédit arriva. Il ne fut jamais plus étonné. Il alla revoir aussitôt tous les calculs astronomiques qui avaient été le fondement

---

[41] Ed. of Cologne 1683 has: "...dont ils se mettent en possession par avarice?' An. 'Et qu'en arrive-t-il? Ils empruntent'" etc. All later editions have the present reading.

de ses prédictions. Savez-vous ce qu'il trouva? Il s'était trompé, et si ses supputations eussent été bien faites il aurait prédit tout le contraire de ce qu'il avait prédit.

J. DE NA. Si je croyais que cette histoire fût vraie, je serais bien fâchée qu'on ne la sût pas dans le monde pour se détromper des astrologues.

AN. On sait bien d'autres histoires à leur désavantage, et leur métier ne laisse pas d'être toujours bon. On ne se désabusera jamais de tout ce qui regarde l'avenir; il a un charme trop puissant. Les hommes, par exemple, sacrifient tout ce qu'ils ont à une espérance; et tout ce qu'ils avaient et tout ce qu'ils viennent d'acquérir, ils le sacrifient encore à une autre espérance; et il semble que ce soit là un ordre malicieux établi dans la nature pour leur ôter toujours d'entre les mains ce qu'ils tiennent. On ne se soucie guère d'être heureux dans le moment où l'on est; on remet à l'être dans un temps qui viendra, comme si ce temps qui viendra devait être autrement fait que celui qui est déjà venu.

J. DE NA. Non, il n'est pas fait autrement, mais il est bon qu'on se l'imagine.

AN. Et que produit cette belle opinion? Je sais une petite fable qui vous le dira bien. Je l'ai apprise autrefois à la* cour d'amour qui se tenait dans votre comté de Provence. [42] Un homme avait soif et était assis sur le bord d'une fontaine; il ne voulait point boire de l'eau qui coulait devant lui parce qu'il espérait qu'au bout de quelque temps il en allait venir une meilleure. Ce point étant passé, "Voici encore la même eau," disait-il, "ce n'est point celle-là dont je veux boire, j'aime mieux attendre encore un peu." Enfin comme l'eau était toujours la même, il attendit si bien que la source vint à tarir et il ne but point.

J. DE NA. Il m'est arrivé autant, et je crois que de tous les morts qui sont ici il n'y en a pas un à qui la vie n'ait manqué avant qu'il en eût fait l'usage qu'il en voulait faire. Mais qu'importe, je compte pour beaucoup le plaisir de prévoir, d'espérer, de craindre

---

* C'était une espèce d'Académie.

[42] The courts of love in medieval France and Germany were tribunals composed of refined and clever ladies which concerned themselves with questions of gallantry. Eleanore of Aquitaine and Laura de Sade presided over such courts.

même, et d'avoir un avenir devant soi. Un sage, selon vous, serait comme nous autres morts pour qui le présent et l'avenir sont parfaitement semblables, et ce sage par conséquent s'ennuierait autant que je fais.

An. Hélas! C'est une plaisante condition que celle de l'homme, si elle est telle que vous le croyez. Il est né pour aspirer à tout et pour ne jouir de rien, pour marcher toujours et pour n'arriver nulle part.

Hérostrate (Herostratus) was an Ephesian who set fire to the temple of Artemis on the same night that Alexander the Great was born, 356 B. C., in order to immortalize himself. The Ephesians passed a decree condemning his name to oblivion, thereby increasing his notoriety and his chances of attaining his object.

Démétrios de Phalère (Demetrius Phalareus) was the last of the more distinguished orators of Greece. Although of low birth he was named governor of Athens by Cassander in 317 B. C. After the death of Cassander Demetrius was driven from Athens and retired to Alexandria. It is thought he advised Ptolemy to found the Museum and the famous Library. Exiled from Alexandria by Ptolemy II, Demetrius committed suicide by allowing himself to be bitten by an asp (282 B. C.). The works of Demetrius are lost.

DIALOGUES DES MORTS ANCIENS

DIALOGUE I

Hérostrate, Démétrios de Phalère

Hérostrate

Trois cent soixante statues élevées dans Athènes à votre honneur! C'est beaucoup.

Démétrios. Je m'étais saisi du gouvernement, et après cela il était assez aisé d'obtenir du peuple des statues.

He. Vous étiez bien content de vous être ainsi multiplié vous-même trois cents fois et de ne rencontrer que vous dans toute une ville?

De. Je l'avoue; mais hélas! cette joie ne fut pas d'assez longue durée. La face des affaires changea. Du jour au lendemain il ne resta pas une seule de mes statues. On les abattit, on les brisa.

He. Voilà un terrible revers! Et qui fut celui qui fit cette belle expédition?

De. Ce fut Démétrios Poliorcète, fils d'Antigonus.[34]

He. Démétrios Poliorcète! J'aurais bien voulu être à sa place. Il y avait beaucoup de plaisir à abattre un si grand nombre de statues faites pour un même homme.

De. Un pareil souhait n'est digne que de celui qui a brûlé le temple d'Ephèse. Vous conservez encore votre ancien caractère.

---

[43] Demetrius Poliorcetes (Πολιορκητής: "besieger of cities") sailed to Athens with a fleet of 200 ships. He freed the city from the power of Cassander and expelled the garrison which was commanded by Demetrius Phalareus. Demetrius Poliorcetes died in 283 B. C.

He. On m'a bien reproché cet embrasement du temple d'Ephèse: toute la Grèce en a fait beaucoup de bruit; mais en vérité cela est pitoyable, on ne juge guère sainement des choses.

De. Je suis d'avis que vous vous plaigniez de l'injustice qu'on vous a faite de détester une si belle action, et de la loi par laquelle les Ephésiens défendirent que l'on prononçât jamais le nom d'Hérostrate.

He. Je n'ai pas du moins sujet de me plaindre de l'effet de cette loi; car les Ephésiens furent de bonnes gens qui ne s'aperçurent pas que défendre de prononcer un nom, c'était l'immortaliser. Mais leur loi même, sur quoi était-elle fondée? J'avais une envie démesurée de faire parler de moi, et je brûlai leur temple. Ne devaient-ils pas se tenir bienheureux que mon ambition ne leur coûtât pas davantage? On ne les en pouvait quitter à meilleur marché. Un autre aurait peut-être ruiné toute la ville et tout leur état.

De. On dirait, à vous entendre, que vous étiez en droit de ne rien épargner pour faire parler de vous, et que l'on doit compter pour des grâces tous les maux que vous n'avez pas faits.

He. Il est facile de vous prouver le droit que j'avais de brûler le temple d'Ephèse. Pourquoi l'avait-on bâti avec tant d'art et de magnificence? Le dessein de l'architecte n'était-il pas de faire revivre son nom?

De. Apparemment.

De. Hé bien, ce fut pour faire vivre aussi mon nom que je brûlai ce temple.

De. Le beau raisonnement! Vous est-il permis de ruiner pour votre gloire les ouvrages d'un autre?

He. Oui. La vanité qui avait élevé ce temple par les mains d'un autre l'a pu ruiner par les miennes. Elle a un droit légitime sur tous les ouvrages des hommes: elle les a faits, et elle les peut détruire. Les plus grands états même n'ont pas sujet de se plaindre qu'elle les renverse quand elle y trouve son compte; ils ne pourraient pas prouver une origine indépendante d'elle. Un roi qui pour honorer les funérailles d'un cheval ferait raser la ville de Bucéphalie,[44] lui ferait-il une injustice? Je ne le crois pas; car

---

[44] Bucephala was a city on the Hydaspes in northern India built by Alexander the Great after his battle with Porus in memory of his favorite horse, which died there.

on ne s'avisa de bâtir cette ville que pour assurer la mémoire de Bucéphale, et par conséquent elle est affectée à l'honneur des chevaux.

DE. Selon vous, rien ne serait en sûreté. Je ne sais si les hommes même y seraient.

HE. La vanité se joue de leurs vies ainsi que de tout le reste. Un père laisse le plus d'enfants qu'il peut afin de perpétuer son nom. Un conquérant, afin de perpétuer le sien, extermine le plus d'hommes qu'il lui est possible.

DE. Je ne m'étonne pas que vous employiez toutes sortes de raisons pour soutenir le parti des destructeurs; mais enfin si c'est un moyen d'établir sa gloire que d'abattre les monuments de la gloire d'autrui, du moins il n'y a pas de moyen moins noble que celui-là.

HE. Je ne sais s'il est moins noble que les autres, mais je sais qu'il est nécessaire qu'il se trouve des gens qui le prennent.

DE. Nécessaire?

HE. Assurément. La terre ressemble à de grandes tablettes où chacun veut écrire son nom. Quand ces tablettes sont pleines il faut bien effacer les noms qui y sont déjà écrits pour y en mettre de nouveaux. Que serait-ce si tous les monuments des anciens subsistaient? Les modernes n'auraient pas où placer les leurs. Pouviez-vous espérer que trois cent soixante statues fussent longtemps sur pied? Ne voyiez-vous pas bien que votre gloire tenait trop de place?

DE. Ce fut une plaisante vengeance que celle que Démétrios Poliorcète exerça sur mes statues. Puisqu'elles étaient une fois élevées dans toute la ville d'Athènes ne valait-il pas autant les y laisser?

HE. Oui, mais avant qu'elles fussent élevées ne valait-il pas autant ne les point élever? Ce sont les passions qui font et qui défont tout. Si la raison dominait sur la terre il ne s'y passerait rien. On dit que les pilotes craignent au dernier point ces mers pacifiques où l'on ne peut naviguer, et qu'ils veulent du vent au hasard d'avoir des tempêtes. Les passions sont chez les hommes des vents qui sont nécessaires pour mettre tout en mouvement, quoiqu'ils causent souvent des orages.[45]

---

[45] Cf. Descartes, *Les Passions de l'âme* (art. 40): "Car il est besoin de remarquer que le principal effet de toutes les passions dans les hommes est

Callirhée (Callirrhoe) is the name of a large number of nymphs who are not clearly distinguishable as persons. Troas is the name of the territory including the city of Troy. It was watered by three streams: the Scamander, the Xanthus and the Simois.

Pauline (Paulina) wife of Sentius Saturninus, governor of Syria in the first century A. D., was, according to Josephus (Book 18, ch. 4) deceived as she here describes by her lover Mundus. The young man later confessed the deception to her, and Paulina begged her husband to avenge her. Tiberius, on the complaint of Saturninus, caused the priests of Isis to be hanged, the temple to her destroyed, and the statue of the goddess to be thrown into the Tiber. Mundus was merely exiled.

---

qu'elles incitent et disposent leur âme à vouloir les choses auxquelles elles préparent leur corps; en sorte que le sentiment de la peur l'incite à vouloir fuir, celui de la hardiesse à vouloir combattre, et ainsi des autres." (*Oeuvres et lettres de Descartes*, éd. de la Pléiade, 1949, p. 576.)

DIALOGUE II

CALLIRHÉE, PAULINE

PAULINE

Pour moi, je tiens qu'une femme est en péril dès qu'elle est aimée avec ardeur. De quoi un amant passionné ne s'avise-t-il pas pour arriver à ses fins? J'avais longtemps résisté à Mundus, qui était un jeune Romain fort bien fait, mais enfin il remporta la victoire par un stratagème. J'étais fort dévote au dieu Anubis.[46] Un jour une prêtresse de ce dieu me vint dire de sa part qu'il était amoureux de moi, et qu'il me demandait un rendezvous dans son temple. Maîtresse d'Anubis! Figurez-vous quel honneur. Je ne manquai pas au rendez-vous, j'y fus reçue avec beaucoup de marques de tendresse; mais à vous dire la vérité, cet Anubis, c'était Mundus. Voyez si je pouvais m'en défendre. On dit bien que des femmes se sont rendues à des dieux déguisés en hommes et quelquefois en bêtes; à plus forte raison devra-t-on se rendre à des hommes déguisés en dieux.

CALLIRHÉE. En vérité, les hommes sont bien remplis d'avarice. J'en parle par expérience, et il m'est arrivé presque la même aventure qu'à vous. J'étais une fille de la Troade et sur le point de me marier; j'allai, selon la coutume du pays, accompagnée d'un grand nombre de personnes et fort parée, offrir ma virginité au fleuve Scamandre. Après que je lui eus fait mon compliment, voici Scamandre qui sort d'entre ses roseaux et qui me prend au mot. Je me crus fort honorée, et peut-être n'y eut-il pas jusqu'à mon fiancé qui ne le crut aussi. Tout le monde se tint dans un silence

---

[46] Anubis was a jackal-headed god of ancient Egypt. His worship was introduced into Rome during the last days of the Republic.

respectueux; mes compagnes enviaient secrètement ma félicité, et Scamandre se retira dans ses roseaux quand il voulut. Mais combien fus-je étonnée un jour que je rencontrai ce Scamandre qui se promenait dans une petite ville de la Troade, et que j'appris que c'était un capitaine athénien qui avait sa flotte sur cette côte-là.

Pau. Quoi, vous l'aviez donc pris pour le vrai Scamandre?

Cal. Sans doute.

Pau. Et était-ce la mode en votre pays que le fleuve acceptât les offres que les filles à marier venaient lui faire?

Cal. Non, et peut-être s'il eût eu coutume de les accepter on ne les lui eût pas faites. Il se contentait des honnêtetés qu'on avait pour lui et n'en abusait pas.

Pau. Vous deviez donc bien avoir le Scamandre pour suspect?

Cal. Pourquoi? Une jeune fille ne pouvait-elle pas croire que toutes les autres n'avaient pas eu assez de beauté pour plaire au dieu, ou qu'elles ne lui avaient fait que de fausses offres auxquelles il n'avait pas daigné répondre? Les femmes se flattent aisément. Mais vous, qui ne voulez pas que j'aie été la dupe du Scamandre, vous l'avez bien été d'Anubis.

Pau. Non, pas tout à fait. Je me doutais un peu qu'Anubis pouvait être un simple mortel.

Cal. Et vous l'allâtes trouver? Cela n'est pas excusable.

Pau. Que voulez-vous? J'entendais dire à tous les sages que si l'on n'aidait soi-même à se tromper on ne goûterait guère de plaisirs.

Cal. Bon, aider à se tromper! Ils ne l'entendaient pas apparemment dans ce sens-là. Ils voulaient dire que les choses du monde les plus agréables sont dans le fond si minces qu'elles ne toucheraient pas beaucoup si l'on y faisait une réflexion un peu sérieuse. Les plaisirs ne sont pas faits pour être examinés à la rigueur, et on est tous les jours réduit à leur passer bien des choses sur lesquelles il ne serait pas à propos de se rendre difficile. C'est là ce que vos sages...

Pau. C'est aussi ce que je veux dire. Si je me fusse rendue difficile avec Anubis j'eusse bien trouvé que ce n'était pas un dieu; mais je lui passai sa divinité sans vouloir l'examiner trop curieusement. Et où est l'amant dont on souffrirait la tendresse s'il fallait qu'il essuyât un examen de notre raison?

CAL. La mienne n'était pas si rigoureuse. Il se pouvait trouver tel amant qu'elle eût consenti que j'aimasse ; et enfin il est plus aisé de se croire aimée d'un homme sincère et fidèle que d'un dieu.

PAU. De bonne foi, c'est presque la même chose. J'eusse été aussi tôt persuadée de la fidélité et de la constance de Mundus que de sa divinité.

CAL. Ah! Il n'y a rien de plus outré que ce que vous dites. Si l'on croit que des dieux aient aimé, du moins on ne peut pas croire que cela soit arrivé souvent; mais on a vu souvent des amants fidèles qui n'ont point partagé leur coeur et qui ont sacrifié tout à leurs maîtresses.

PAU. Si vous prenez pour de vraies marques de fidélité les soins, les empressements, des sacrifices, une préférence entière, j'avoue qu'il se trouvera assez d'amants fidèles; mais ce n'est pas ainsi que je compte. J'ôte du nombre de ces amants tous ceux dont la passion n'a pu être assez longue pour avoir le loisir de s'éteindre d'elle-même, ou assez heureuse pour en avoir sujet. Il ne me reste que ceux qui ont tenu bon contre le temps et contre les faveurs, et ils sont à peu près en même quantité que les dieux qui ont aimé les mortelles.

CAL. Encore faut-il qu'il se trouve de la fidélité même selon cette idée. Car qu'on aille dire à une femme qu'on est un dieu épris de son mérite, elle n'en croira rien ; qu'on lui jure d'être fidèle, elle le croira. Pourquoi cette différence? C'est qu'il y a des exemples de l'un et qu'il n'y en a pas de l'autre.

PAU. Pour les examples, je tiens la chose égale; mais ce qui fait qu'on ne donne pas dans l'erreur de prendre un homme pour un dieu, c'est que cette erreur-là n'est pas soutenue par le coeur. On ne croit pas qu'un amant soit une divinité parce qu'on ne le souhaite pas; mais on souhaite qu'il soit fidèle et on croit qu'il l'est.

CAL. Vous vous moquez. Quoi, toutes les femmes prendraient leurs amants pour des dieux si elles souhaitaient qu'ils le fussent!

PAU. Je n'en doute presque pas. Si cette erreur était nécessaire pour l'amour la nature aurait disposé notre coeur à nous l'inspirer. Le coeur est la source de toutes les erreurs dont nous avons besoin ; il ne nous refuse rien dans cette matière-là.

Candaule (Candaules). His true name appears to have been Myrsilus, Candaules being in the Lydian language a title of honor equivalent to Hercules—i. e., the Sun. He was dethroned by Gyges at the instigation of his own queen whom he had insulted by showing her when naked to Gyges.

Gigès (Gyges). Having become king of Lydia after overthrowing Candaules, he married the queen, Nyssia, in about 680 B. C. He reigned thirty-eight years. The legend of Gyges' discovery of the gold ring which made him invisible is told in the *Republic* (II) of Plato.

DIALOGUE III

CANDULE, GIGÈS

CANDAULE

Plus j'y pense et plus je trouve qu'il n'etait point nécessaire que vous me fissiez mourir.

GIGÈS. Que pouvais-je faire? Le lendemain que vous m'eûtes fait voir les beautés cachées de la reine, elle m'envoya quérir, me dit qu'elle s'était aperçue que vous m'aviez fait entrer le soir dans sa chambre, et me fit, sur l'offense qu'avait reçue sa pudeur, un très beau discours dont la conclusion était qu'il fallait me résoudre à mourir ou à vous tuer et à l'épouser en même temps; car, à ce qu'elle prétendait, il était de son honneur ou que je possédasse ce que j'avais vu ou que je ne pusse jamais me vanter de l'avoir vu. J'entendis bien ce que tout cela voulait dire. L'outrage n'était pas si grand que la reine n'eût bien pu le dissimuler, et son honneur pouvait vous laisser vivre si elle eût voulu; mais franchement elle était dégoûtée de vous, et elle fut ravie d'avoir un prétexte de gloire pour se défaire de son mari. Vous jugez bien que dans l'alternative qu'elle me proposait, je n'avais qu'un parti à prendre.

CAN. Je crains fort que vous n'eussiez pris plus de goût pour elle qu'elle n'avait de dégoût pour moi. Ah! Que j'eus tort de ne pas prévoir l'effet que sa beauté ferait sur vous et de vous prendre pour un trop honnête homme.

GI. Reprochez-vous plutôt d'avoir été si sensible d'être le mari d'une femme bien faite que vous ne pûtes vous en taire.

CAN. Je me reprocherais la chose du monde la plus naturelle. On ne saurait cacher sa joie dans un extrême bonheur.

GI. Cela serait pardonnable si c'était un bonheur d'amant; mais le vôtre était un bonheur de mari. On peut être indiscret pour une maîtresse, mais pour une femme! Et que croirait-on du mariage si l'on en jugeait par ce que vous fîtes? On s'imaginerait qu'il n'y aurait rien de plus délicieux.

Can. Mais sérieusement, pensez-vous qu'on puisse être content d'un bonheur qu'on possède sans témoins? Les plus braves veulent être regardés pour être braves; et les gens heureux veulent être aussi regardés pour être parfaitement heureux. Que sais-je même s'ils ne se résoudraient pas à l'être moins pour le paraître davantage? Il est toujours sûr qu'on ne fait point de montre de sa félicité sans faire aux autres une espèce d'insulte dont on se sent satisfait.

Gi. Il serait fort aisé, selon vous, de se venger de cette insulte. Il ne faudrait que fermer les yeux et refuser aux gens ces regards ou, si vous voulez, ces sentiments de jalousie qui font partie de leur bonheur.

Can. J'en conviens. J'entendais l'autre jour conter à un mort qui avait été roi de Perse, qu'on le menait captif et chargé de chaînes dans la ville capitale d'un grand empire. L'empereur victorieux, environné de toute sa cour, était assis sur un trône magnifique et fort élevé; tout le peuple remplissait une grande place qu'on avait ornée avec beaucoup de soin. Jamais spectacle ne fut plus pompeux. Quand ce roi parut après une longue marche de prisonniers et de dépouilles, il s'arrêta vis-à-vis de l'empereur et s'écria d'un air gai: "Sottise, sottise, et toutes choses sottise." Il disait que ces seuls mots avaient gâté à l'empereur tout son triomphe; et je le conçois si bien que je crois que je n'eusse pas voulu triompher à ce prix-là du plus cruel et du plus redoutable de mes ennemis.

Gi. Vous n'eussiez donc plus aimé la reine si je ne l'eusse pas trouvée belle, et si en la voyant je me fusse écrié, "Sottise, sottise?"

Can. J'avoue que ma vanité de mari en eût été blessée. Jugez sur ce pied-là combien l'amour d'une femme aimable doit flatter sensiblement, et combien la discrétion doit être une vertu difficile.

Gi. Ecoutez. Tout mort que je suis, je ne veux dire cela à un mort qu'à l'oreille; il n'y a pas tant de vanité à tirer de l'amour d'une maîtresse. La nature a si bien établi le commerce de l'amour qu'elle n'a pas laissé beaucoup de choses à faire au mérite. Il n'y a point de coeur à qui elle n'eût destiné quelque autre coeur; elle n'a pas pris soin d'assortir toujours ensemble toutes les personnes dignes d'estime; cela est fort mêlé, et l'expérience ne fait que trop voir que le choix d'une femme aimable ne prouve rien ou presque rien en faveur de celui sur qui il tombe. Il me semble que ces raisons-là devraient faire des amants discrets.

Can. Je vous déclare que les femmes ne voudraient point d'une indiscrétion de cette espèce qui ne serait fondée que sur ce qu'on ne se ferait pas un grand honneur de leur amour.

Gi. Ne suffit-il pas de s'en faire un plaisir extrême? La tendresse profitera de ce que j'ôterai à la vanité.

Can. Non, elles n'accepteraient pas ce parti.

Gi. Mais songez que l'honneur gâte tout cet amour dès qu'il y entre. D'abord, c'est l'honneur des femmes qui est contraire aux intérêts des amants; et puis du débris de cet honneur-là les amants s'en composent un autre qui est fort contraire aux intérêts des femmes. Voilà ce que c'est que d'avoir mis l'honneur d'une partie dont il ne devait point être.

Hélène (Helen of Troy) was the famous beauty whose seduction by Paris was the cause of the Trojan War. The daughter of Zeus and Leda, she was the wife of Menelaus and the mother of Iphigenia and Hermione. After the death of Paris she was married to Deiphobus, but betrayed him into the hands of Menelaus, to whom she returned at the end of the Trojan War.

Fulvie (Fulvia) died in 40 B. C. She was the first wife of Mark Antony. Plutarch ("Life of Antony") describes her as "a woman of restless spirit and very bold." She joined in the war against Octavian, says Plutarch, because "her hopes were that commotion in Italy would force Antony from Cleopatra."

DIALOGUE IV

HÉLÈNE, FULVIE

HÉLÈNE

Il faut que je sache de vous, Fulvie, une chose qu'Auguste m'a dite depuis peu. Est-il vrai que vous conçûtes pour lui quelque inclination, mais que comme il n'y répondit pas vous excitâtes votre mari Marc-Antoine à lui faire la guerre?

FULVIE. Rien n'est plus vrai, ma chère Hélène; car parmi nous autres mortes cet aveu ne tire pas à conséquence. Marc-Antoine était fou de la comédienne Cithéride et j'eusse bien voulu me venger de lui en me faisant aimer d'Auguste; mais Auguste était difficile en maîtresses. Il ne me trouva ni assez jeune ni assez belle; et quoique je lui fisse entendre qu'il s'embarquait dans la guerre civile faute d'avoir quelques soins pour moi, il me fut impossible d'en tirer aucune complaisance. Je vous dirai même, si vous voulez, des vers qu'il fit sur ce sujet et qui ne sont pas trop à mon honneur. Les voici:

> Parce qu'Antoine est charmé de Glaphire
>   (c'est ainsi qu'il appelle Cithéride)
> Fulvie à ses beaux yeux me veut assujettir.
> Antoine est infidèle. Hé bien donc, est-ce à dire
> Que des fautes d'Antoine on me fera pâtir?
>   Qui moi, que je serve Fulvie?
>   Suffit-il qu'elle en ait envie?
> A ce compte on verrait se retirer vers moi
>   Mille épouses mal satisfaites.

Aime-moi, me dit-elle, ou combattons: mais quoi?
Elle est bien laide! Allons, sonnez, trompettes! [47]

He. Nous avons donc causé, vous et moi, les deux plus grandes guerres qui aient peut-être jamais été; vous celle d'Antoine et d'Auguste et moi celle de Troie.

Ful. Mais il y a cette différence, que vous avez causé la guerre de Troie par votre beauté, et moi celle d'Auguste et d'Antoine par ma laideur.

He. En récompense, vous avez un autre avantage sur moi: c'est que votre guerre est beaucoup plus plaisante que la mienne. Mon mari se venge de l'affront qu'on lui a fait en m'aimant, ce qui est assez naturel; et le vôtre vous venge de l'affront qu'on vous a fait en ne vous aimant pas, ce qui n'est pas trop ordinaire aux maris.

Ful. Oui; mais Antoine ne savait pas qu'il faisait la guerre pour moi, et Ménélas savait bien que c'était pour vous qu'il la faisait. C'est là un point qu'on ne saurait lui pardonner; car au lieu que Ménélas, suivi de toute la Grèce, assiégea Troie pendant dix ans pour vous retirer d'entre les bras de Pâris, n'est-il pas vrai que si Pâris eût voulu absolument vous rendre, Ménélas eût dû soutenir dans Sparte un siège de dix ans pour vous ne pas recevoir? De bonne foi je trouve qu'ils avaient tous perdu l'esprit, tant Grecs que Troyens. Les uns étaient fous de vous redemander et les autres l'étaient encore plus de vous retenir. D'où vient que tant d'honnêtes gens se sacrifiaient aux plaisirs d'un jeune homme qui ne savait pas ce qu'il faisait? Je ne pouvais m'empêcher de rire en lisant cet endroit d'Homère [48] où, après neuf ans de guerre et un

---

[47] F. prints here a bowdlerized version of the poem. In its original form it runs as follows:

> Quod futuit Glaphyren Antonius, hunc mihi poenam
>   Fulvia constituit, se quoque uti futuam.
> Fulviam ego ut futuam? Quid si me Marius oret
>   Paedicem, faciam? Non puto, si sapiam.
> Aut futue, aut pugnemus, ait. Quid quod mihi vita
>   Carior est ipsa mentula. Signa canant!

See *Imperatoris Caesaris Augusti Scriptorum Reliquiae*, ed. M. Augustus Weichert, Grimae, Gebhardt, 1841, p. 90.

[48] *Iliad* VII, 350 ff.

combat dans lequel on vient tout fraîchement de perdre beaucoup de monde, il s'assemble un conseil devant le palais de Priam. Là Anténor est d'avis que l'on vous rende, et il n'y avait pas, ce me semble, à balancer ; on devait seulement se repentir de s'être avisé un peu tard de cet expédient. Cependant Pâris témoigne que la proposition lui déplaît ; et Priam qui, à ce que dit Homère, est égal aux dieux en sagesse, embarrassé de voir son conseil qui se partage sur une affaire si difficile, et ne sachant quel parti prendre, ordonne que tout le monde aille souper.

He. Du moins la guerre de Troie avait cela de bon, qu'on en découvrait aisément tout le ridicule ; mais la guerre civile d'Auguste et d'Antoine ne paraissait pas ce qu'elle était. Lorsqu'on voyait tant d'aigles romaines en campagne on n'avait garde de s'imaginer que ce qui les animait si cruellement les unes contre les autres, c'était le refus qu'Auguste vous avait fait de ses bonnes grâces.

Ful. Ainsi vont les choses parmi les hommes. On y voit de grands mouvements, mais les ressorts en sont d'ordinaire assez ridicules. Il est important pour l'honneur des événements les plus considérables que les causes en soient cachées.

Parménisque (Parmeniscus) was a pupil of Aristarchus. The story of his descent into the cavern of Trophonius and his veneration of the statue of Latona may be based on Athenaeus, *Deip.* XIV, 1.

Théocrite de Chio (Theocritus of Chios) was an orator and sophist of the fourth century B. C. There is an example of his wit in Athenaeus, *Deip.* VIII, 34; and in Plutarch's *Moralia* ("The Education of Children," XI, 14) is found the story recounted by Fontenelle of how Theocritus met his death.

DIALOGUE V

Parménisque, Théocrite de Chio

Théocrite

Tout de bon, ne pouviez-vous plus rire après que vous eûtes descendu dans l'antre de Trophonius?

Parménisque. Non. J'étais d'un sérieux extraordinaire.

Théo. Si j'eusse su que l'antre de Trophonius avait cette vertu, j'eusse bien dû y faire un petit voyage. Je n'ai que trop ri pendant ma vie, et même elle eût été plus longue si j'eusse moins ri. Une mauvaise raillerie m'a amené dans le lieu où nous sommes. Le roi Antigonus était borgne. Je l'avais cruellement offensé; cependant il avait promis de n'en avoir aucun ressentiment pourvu que j'allasse me présenter devant lui. On m'y conduisait presque par force, et mes amis me disaient pour m'encourager, "Allez; ne craignez rien, votre vie est en sûreté dès que vous aurez paru aux yeux du roi." "Ah!" leur répondis-je, "si je ne puis obtenir ma grâce sans paraître à ses yeux, je suis perdu." Antigonus, qui était disposé à me pardonner un crime, ne me put pardonner cette plaisanterie, et il me coupa la tête pour avoir raillé hors de propos.

Par. Je ne sais si je n'eusse point voulu avoir votre talent de railler même à ce prix-là.

Théo. Et moi, combien voudrais-je présentement avoir acheté votre sérieux!

Par. Ah! Vous n'y songez pas. Je pensai mourir du sérieux que vous souhaitez si fort. Rien ne me divertissait plus; je faisais des efforts pour rire et je n'en pouvais venir à bout. Je ne jouissais plus de tout ce qu'il y a de ridicule dans le monde; ce ridicule était devenu triste pour moi. Enfin, désespéré d'être si sage, j'allai à Delphes et je priai instamment le dieu de m'enseigner un moyen de rire. Il me renvoya en termes ambigus au pouvoir maternel; je crus qu'il entendait ma patrie. J'y retourne, mais ma patrie ne peut vaincre mon sérieux. Je commençais à prendre mon parti, comme dans une maladie incurable, lorsque je fis par hasard un voyage à Délos. Là je contemplai avec surprise la magnificence des temples d'Apollon et la beauté de ses statues. Il était partout en marbre ou en or, et de la main des meilleurs ouvriers de la Grèce; mais quand je vins à une Latone de bois, qui était très mal faite, et qui avait tout l'air d'une vieille, je m'éclatai de rire par la comparaison des statues du fils à celle de la mère. Je ne puis vous exprimer assez combien je fus étonné, content, charmé, d'avoir ri. J'entendis alors le vrai sens de l'oracle. Je ne présentai point d'offrandes à tous ces Apollons d'or ou de marbre. La Latone de bois eut tous mes dons et tous mes voeux. Je lui fis je ne sais combien de sacrifices, je l'enfumai toute d'encens, et j'eussse élevé un temple "A Latone qui fait rire" si jeusse été en état d'en faire la dépense. [49]

Théo. Il me semble qu'Apollon pouvait vous rendre la faculté de rire sans que ce fût aux dépens de sa mère. Vous n'auriez vu que trop d'objets qui étaient propres à faire le même effet que Latone.

Par. Quand on est de mauvaise humeur on trouve que les hommes ne valent pas la peine qu'on en rie; ils sont faits pour être ridicules et ils le sont, cela n'est pas étonnant; mais une déesse qui se met à l'être, l'est bien davantage. D'ailleurs Apollon voulait apparemment me faire voir que mon sérieux était un mal qui ne pouvait être guéri par tous les remèdes humains, et que j'étais réduit dans un état où j'avais besoin du secours même des dieux.

Théo. Cette joie et cette gaieté que vous enviez est encore un bien plus grand mal. Tout un peuple en a autrefois été atteint et en a extrêmement souffert.

Par. Quoi, il s'est trouvé tout un peuple trop disposé à la gaieté et à la joie?

Théo. Oui; c'étaient les Tirinthiens. [50]

---

[49] Delphi, originally called Pytho, was the site of an oracle of Apollo. See note 78.

Delos is an island of the Aegean situated nearly in the center of the Cyclades and celebrated as the native island of Apollo and Artemis.

Latona was the mother of Apollo and Artemis by Zeus.

[50] The Tirynthians were the inhabitants of Tiryns, a city two and one-half miles north of Nauplia, the present remains of which date from 1400

Par. Les heureuses gens!

Théo. Point du tout. Comme ils ne pouvaient plus prendre leur sérieux sur rien, tout allait en désordre parmi eux. S'ils s'assemblaient sur la Place tous leurs entretiens roulaient sur des folies au lieu de rouler sur les affaires publiques; s'ils recevaient des ambassadeurs ils les tournaient en ridicules; s'ils tenaient le Conseil de Ville, les avis des plus graves Sénateurs n'étaient que des bouffonneries, et en toutes sortes d'occasions une parole ou une action raisonnable eût été un prodige chez les Tirinthiens. Ils se sentirent enfin incommodés de cet esprit de plaisanterie du moins autant que vous l'aviez été de votre tristesse, et ils allèrent consulter l'oracle de Delphes aussi bien que vous mais pour une fin bien différente, c'est-à-dire pour lui demander les moyens de recouvrer un peu de sérieux. L'oracle répondit que s'ils pouvaient sacrifier un taureau à Neptune sans rire, il serait désormais en leur pouvoir d'être plus sages. Un sacrifice n'est pas une action si plaisante d'elle-même; cependant pour le faire sérieusement ils y apportèrent bien de préparatifs. Ils résolurent de n'y recevoir point de jeunes gens mais seulement des vieillards, et non pas encore toutes sortes de vieillards, mais seulement ceux qui avaient ou des maladies ou beaucoup de dettes ou des femmes bien incommodes. Quand toutes ces personnes choisies furent sur le bord de la mer pour immoler la victime, il fut besoin, malgré les femmes, les dettes, les maladies et l'âge qu'ils composassent leur air, baissassent les yeux à terre, et se mordissent les lèvres; mais par malheur il se trouva là un enfant qui s'y était coulé. On voulut le chasser selon l'ordre, et il cria: "Quoi, avez-vous peur que je n'avale votre taureau?" Cette sottise déconcerta toutes ces gravités contrefaites. On éclata de rire, le sacrifice fut troublé, et la raison ne revint point aux Tirinthiens. Ils eurent grand tort, après que le taureau leur eut manqué, de ne pas songer à cet antre de Trophonius qui avait la vertu de rendre les gens si sérieux et qui fit un effet si remarquable sur vous.

Par. A la vérité, je descendis dans l'antre de Trophonius; mais l'antre de Trophonius, qui m'attrista si fort, n'est pas ce qu'on pense.

B. C. Tiryns survived into the classical period as an independent town, but was destroyed by Argos about 470 B. C. For their gaiety see Athenaeus, *Deip.* VI, 261.

Théo. Et qu'est-ce donc?

Par. Ce sont les réflexions. J'en avais fait et je ne riais plus. Si l'oracle eût ordonné aux Tirinthiens d'en faire ils étaient guéris de leur enjouement.

Théo. J'avoue que je ne sais pas trop ce que c'est que les réflexions, mais je ne puis concevoir pourquoi elles seraient si chagrines. Ne saurait-on avoir des vues saines qui ne soient en même temps tristes? N'y a-t-il que l'erreur qui soit gaie, et la raison n'est-elle faite que pour nous tuer?

Par. Apparemment l'intention de la nature n'a pas été qu'on pensât avec beaucoup de raffiniment, car elle vend ces sortes de pensées-là bien cher. Vous voulez faire des réflexions, nous dit-elle, prenez-y garde; je m'en vengerai par la tristesse qu'elles vous causeront.

Théo. Mais vous ne me dites point pourquoi la nature ne veut pas qu'on pousse les réflexions jusqu'où elles peuvent aller.

Par. Elle a mis les hommes au monde pour y vivre; c'est ne savoir ce que l'on fait la plupart du temps. Quand nous découvrons le peu d'importance de ce qui nous occupe et de ce qui nous touche, nous arrachons à la nature son secret; on devient trop sage et on ne veut plus agir; voilà ce que la nature ne trouve pas bon.

Théo. Mais la raison qui vous fait penser mieux que les autres ne laisse pas de vous condammer à agir comme eux.

Par. Vous dites vrai. Il y a une raison qui nous met au-dessus de tout par les pensées; il doit y en avoir ensuite une autre qui nous ramène à tout par les actions; mais à ce compte-là même, ne vaut-il pas presque autant n'avoir point pensé?

Brutus, Marcus Junius (78?-42 B. C.) was an idealistic and enthusiastic supporter of republican principles who, despite Caesar's kindness to him, joined in the plot to assassinate the dictator. Brutus committed suicide after his defeat at Philippi.

Faustine (Faustina) A. D. 125-175, was the daughter of Antoninus Pius and the wife of the philosopher-emperor Marcus Aurelius. The Oxford Classical Dictionary says, "Ancient authority groundlessly interpreted her lively temperament as a sign of faithless and disloyal character..." At her death she was consecrated by Marcus Aurelius and commemorated, as her mother had been, by the charity of *Puellae Faustinianae*.

DIALOGUE VI

Brutus, Faustine

Brutus

Quoi, se peut-il que vous ayez pris plaisir à faire mille infidélités à l'Empereur Marc-Aurèle, à un mari qui avait toutes les complaisances imaginables pour vous et qui était sans contredit le meilleur homme de tout l'empire romain?

Faustine. Et se peut-il que vous ayez assassiné Jules César, qui était un empereur si doux et si modéré?

Bru. Je voulais épouvanter tous les usurpateurs par l'exemple de César, que sa douceur et sa modération n'avaient pu mettre en sûreté.

Pau. Et si je vous disais que je voulais effrayer tellement tous les maris que personne n'osât songer à l'être après l'exemple de Marc-Aurèle, dont la bonté avait été si mal payé?

Bru. C'était là un beau dessein! Il faut qu'il soit des maris, car qui gouvernerait les femmes? Mais Rome n'avait point besoin d'être gourvernée par César.

Fau. Qui vous l'a dit? Rome commençait à avoir des fantaisies aussi déréglées et des humeurs aussi étranges que celles qu'on attribue à la plupart des femmes; elle ne pouvait plus se passer de maître, mais elle ne se plaisait pourtant pas d'en avoir un. Les femmes sont justement du même caractère. On doit convenir aussi que les hommes sont trop jaloux de leur domination. Ils l'exercent dans le mariage, c'est déjà un grand article; mais ils voudraient même l'exercer en amour. Quand ils demandent qu'une maîtresse leur soit fidèle, fidèle veut dire soumise. L'empire devrait être également partagé entre l'amant et la maîtresse: cependant il passe toujours de l'un ou de l'autre côté, et presque toujours du côté de l'amant.

Bru. Vous voilà étrangement révoltée contre tous les hommes.

Fau. Je suis Romaine, et j'ai des sentiments romains sur la liberté.

Bru. Je vous assure qu'à ce compte-là tout l'univers est plein de Romaines; mais avouez que les Romains tels que moi sont un peu plus rares.

Fau. Tant mieux qu'ils soient si rares. Je ne crois pas qu'un honnête homme voulût faire ce que vous avez fait, et assassiner son bienfaiteur.

Bru. Je ne crois pas non plus qu'il y eût d'honnêtes femmes qui voulussent imiter votre conduite. Pour la mienne, vous ne sauriez disconvenir qu'elle n'ait été assez ferme. Il a fallu bien du courage pour n'être pas touché par l'amitié que César avait pour moi.

Fau. Croyez-vous qu'il ait fallu moins de courage pour tenir bon contre la douceur et la patience de Marc-Aurèle? Il regardait avec indifférence toutes les infidélités que je lui faisais; il ne me voulait pas faire l'honneur d'être jaloux, il m'ôtait le plaisir de le tromper. J'en étais en si grande colère qu'il me prenait quelquefois envie d'être femme de bien; cependant je me sauvai toujours de cette faiblesse. Et après ma mort même, Marc-Aurèle ne m'a-t-il pas fait le déplaisir de me bâtir des temples; de me donner des prêtres, d'instituer en mon honneur des Fêtes Faustiniennes? Cela n'est-il pas capable de faire enrager? M'avoir fait une apothéose magnifique! M'avoir érigée en déesse!

Bru. J'avoue que je ne connais plus les femmes. Voilà les plaintes du monde les plus bizarres.

Fau. N'eussiez-vous pas mieux aimé être obligé de conjurer contre Sylla[51] que contre César? Sylla eût excité votre indignation et votre haine par son extrême cruauté. J'eusse bien mieux aimé aussi avoir à tromper un homme jaloux; ce même César, par exemple, de qui nous parlons. Il avait une vanité insupportable; il voulait avoir l'empire de la terre toute entier et sa femme toute entière;

---

[51] Sulla, Lucius Cornelius, (138-78 B. C.) disregarded the constitution and with the help of his legions established the first of the military dictatorships at Rome.

et parce qu'il vit que Clodius partageait l'une avec lui et Pompée l'autre, il ne put souffrir ni Pompée ni Clodius.[52] Que j'eusse été heureuse avec César!

Bru. Il n'y a qu'un moment que vous vouliez exterminer tous les maris et à cette heure vous aimez mieux les plus méchants.

Fau. Je voudrais qu'il n'y en eût point afin que les femmes fussent toujours libres; mais s'il faut qu'il y en ait, les plus méchants sont ceux qui me plaisent davantage par le plaisir que l'on a de reprendre sa liberté.

Bru. Je crois que pour les femmes de votre humeur le meilleur est qu'il y ait des maris. Le sentiment de la liberté est plus vif plus il y entre de malignité.

---

[52] Caesar refused to be a witness against Clodius in the Bona Dea trial, but he divorced his wife Pompeia because "Caesar's wife must be above suspicion." Pompey was defeated by Caesar at Pharsalus (9 August, 48 B. C.) and his army was finally destroyed at Thapsus (46 B. C.).

Sénèque (Lucius Annaeus Seneca) 4 B. C.-A. D. 65, after having been banished by Caligula, became the tutor of Nero. After his withdrawal from court he was accused of complicity in Piso's conspiracy and was ordered to kill himself, which he did (A. D. 65) according to Stoic doctrine in all calm and dignity.

Scarron, Paul (1610-1660), although deformed and immobilized by rheumatism, was a writer of comedy and burlesques and the husband of the future Madame de Maintenon. His comedy, *Les Hypocrites*, influenced the *Tartuffe* of Molière.

DIALOGUES DES MORTS ANCIENS AVEC LES MODERNES

DIALOGUE I

Sénèque, Scarron [53]

Sénèque

Vous me comblez de joie en m'apprenant que les Stoïciens subsistent encore et que dans ces derniers temps vous avez fait profession de cette secte.

Scarron.   J'ai été, sans vanité, plus stoïcien que vous, plus que Chrysippe, et plus que Zénon votre fondateur.[54] Vous étiez tous en état de philosopher à votre aise; vous, en votre particulier, vous aviez des richesses immenses. Pour les autres, ou ils ne manquaient pas de bien, ou ils jouissaient d'une assez bonne santé, ou enfin ils avaient tous leurs membres; ils allaient, ils venaient à la manière ordinaire des hommes. Mais moi, j'étais dans une très mauvaise fortune, tout contrefait, presque sans figure humaine, immobile, attaché à un lieu comme un tronc d'arbre, souffrant continuellement; et j'ai fait voir que tous ces maux s'arrêtaient au corps et ne pouvaient passer jusqu'à l'âme du sage; le chagrin a toujours

---

[53] All the editions before that of 1724 have as interlocutors in this dialogue Seneca and Marot. The change to Scarron (perhaps made possible by the death of Louis XIV in 1715 and that of Mme. de Maintenon in 1719) is responsible for the relatively large number of variants in this dialogue.

[54] Zeno, the founder of Stoicism, was a pupil of the Cynic Crates, and later of Stilpo, Xenocrates and Palemon. He is said to have committed suicide in 264 B. C. Chrysippus was the disciple of Cleanthes, successor of Zeno. According to Diogenes Laertius (VII, 189-190) Chrysippus left 341 treatises on dialectic when he died in the year 207 B. C.

eu la honte de ne pouvoir entrer chez moi par tous les chemins qu'il s'était faits.

SE. Je suis ravi de vous entendre parler ainsi. A votre langage seul je vous reconnaîtrais pour un grand Stoïcien. Et n'étiez-vous pas l'admiration de votre siècle?

SC. Oui, je l'étais. Je ne me contentais pas de souffrir mes maux avec patience, je leur insultais par les railleries. La fermeté eût fait honneur à un autre, mais j'allais jusqu'à la gaieté.

SE. O sagesse stoïcienne, tu n'es donc pas une chimère, comme on se le persuade! Tu te trouves parmi les hommes et voici un sage que tu n'avais pas rendu moins heureux que Jupiter même. Venez, que je vous présente à Zénon et à nos autres Stoïciens; je veux qu'ils voient le fruit des admirables leçons qu'ils ont données au monde.

SC. Vous m'obligerez beaucoup de me faire connaître à des morts si illustres.

SE. Comment vous nommerai-je à eux?

SC. Scarron.

SE. Scarron? Je connais ce nom-là. N'ai-je point ouï parler de vous à plusieurs modernes qui sont ici? [55]

SC. Cela se peut.

SE. N'avez-vous pas fait quantité de vers plaisants, comiques? [56]

SC. Oui; j'ai même été l'inventeur d'un genre de poésie qu'on appelle le *burlesque*. C'est tout ce qu'il y a de plus outré en fait de plaisanteries.

SE. Mais vous n'étiez donc pas un philosophe?

SC. Pourquoi non?

SE. Ce n'est pas l'occupation d'un Stoïcien que de faire des ouvrages de plaisanterie et de songer à faire rire.

SC. Oh! Je vois bien que vous n'avez pas compris les perfections de la plaisanterie. Toute sagesse y est renfermée. On peut tirer du ridicule de tout; j'en tirerais de vos ouvrages même, si je

---

[55] All editions before 1724 have: "N'ai-je point ouï parler de vous à plusieurs princes modernes qui sont ici?" All later editions have the present reading.

[56] All editions before 1724 have: "'N'avez-vous pas fait pour les réjouir beaucoup de petits poèmes qui ont été trouvés agréables?' Marot: 'Oui.'" All later editions have the present reading.

voulais, et fort aisément ; mais tout ne produit pas du sérieux, et je vous défie de tourner jamais mes ouvrages de manière qu'ils en produisent. Cela ne veut-il pas dire que le ridicule domine partout, et que les choses du monde ne sont pas faites pour être traitées sérieusement ? J'ai mis en vers burlesques la divine *Enéide* de votre Virgile, [57] et l'on ne saurait mieux faire voir que le magnifique et le ridicule sont si voisins qu'ils se touchent. Tout ressemble à ces ouvrages de perspective où des figures dispersées ça et là vous forment, par exemple, un empereur si vous les regardez d'un certain point ; changez ce point de vue, ces mêmes figures vous représentent un gueux.

SE. Je vous plains de ce qu'on n'a pas compris que vos vers badins fussent faits pour mener les gens à des réflexions si profondes. On vous eût respecté plus qu'on n'a fait si l'on eût su combien vous étiez grand philosophe ; mais il n'était pas facile de le deviner par les pièces qu'on dit que vous avez données au public.

Sc. Si j'avais fait de gros volumes pour prouver que la pauvreté, les maladies, ne doivent donner aucune atteinte à la gaieté du sage, n'eussent-ils pas été dignes d'un Stoïcien ?

SE. Cela est sans difficulté.

Sc. Et j'ai fait je ne sais combien d'ouvrages qui prouvent que malgré la pauvreté, malgré les maladies, j'avais cette gaieté ; cela ne vaut-il pas mieux ? [58] Vos traités de morale ne sont que des spéculations sur la sagesse ; mais mes vers en étaient une pratique continuelle.

SE. Je suis certain que votre prétendue sagesse n'était pas un effet de votre raison mais de votre tempérament.

Sc. Et c'est là la meilleure espèce de sagesse qui soit au monde.

SE. Bon ! Ce sont de plaisants sages que ceux qui le sont par tempérament. S'ils ne sont pas fous doit-on leur en tenir compte ? Le bonheur d'être vertueux peut quelquefois venir de la nature, mais le mérite de l'être ne peut jamais venir que de la raison.

---

[57] All editions before 1724 have: "J'apprends ici qu'on a mis en vers burlesques..." Only eight books of Scarron's *Virgile travesti* were completed. They were published between 1648 and 1652.

[58] All editions before 1724 have: "Et j'ai fait je ne sais combien d'ouvrages qui prouvent que malgré l'exil, la prison, le peu de fortune, j'avais cette gaieté. Cela ne vaut-il pas mieux ?" All later editions have the present reading.

Sc. On ne fait ordinairement guère de cas de ce que vous appelez un mérite; car si un homme a quelque vertu, et qu'on puisse démêler qu'elle ne lui soit pas naturelle, on ne la compte presque pour rien. Il semblerait pourtant que parce qu'elle est acquise à force de soins elle en devrait être plus estimée; n'importe; c'est un pur effet de la raison, on ne s'y fie pas.

Se. On doit encore moins se fier à l'inégalité du tempérament de vos sages. Ils ne sont sages que selon qu'il plaît à leur sang. Il faudrait savoir comment les parties intérieures de leur corps sont disposées pour savoir jusqu'où ira leur vertu. Ne vaut-il pas mieux incomparablement ne se laisser conduire qu'à la raison, et se rendre si indépendant de la nature qu'on soit en état de n'en craindre plus de surprises?

Sc. Ce serait le meilleur, si cela était possible; mais par malheur la nature garde toujours ses droits; elle a ses premiers mouvements qu'on ne lui peut jamais ôter; ils ont souvent bien fait du chemin avant que la raison en soit avertie; et quand elle s'est mise enfin en devoir d'agir elle trouve déjà bien du désordre: encore est-ce une grande question que de savoir si elle pourra le réparer. En vérité, je ne m'étonne pas si l'on voit tant de gens qui ne se fient pas tout à fait à la raison.

Se. Il n'appartient pourtant qu'à elle de gouverner les hommes et de régler tout dans l'univers.

Sc. Cependant elle n'est guère en état de faire valoir son autorité. J'ai ouï dire que quelque cent ans après votre mort un philosophe platonicien demanda à l'empereur qui régnait alors une petite ville de Calabre toute ruinée pour la rebâtir, la policer selon les lois de la *République* de Platon, et l'appeler Platonopolis; mais l'empereur la refusa au philosophe et ne se fia pas assez à la raison du divin Platon pour lui donner le gouvernement d'une bicoque.[59] Jugez par là combien la raison a perdu de son crédit. Si elle était estimable le moins du monde, il n'y aurait que les hommes qui la pussent estimer, et les hommes ne l'estiment pas.

---

[59] The philosopher was Plotinus the neo-Platonist (A. D. 205-270). Bayle's *Dictionnaire* says that the Emperor Gallienus and the Empress Salonina were favorably disposed towards Plotinus, but the intrigues of jealous and malicious courtiers prevented the realization of the plan for Platonopolis.

Artemise (Artemisia) daughter of Hecatomnus, king of Caria, married her brother, Mausolus. After his death she built in his honor the splendid tomb called the Mausoleum. Valerius Maximus (IV, 6, Ext. 1) and Aulus Gellius (X, 18, 1-2) say that she mixed the ashes of her husband with water and drank them. She is said to have died of grief two years after the death of Mausolus.

Raimond Lulle (Lullius) 1235-1315, was a Spanish scholastic philosopher, alchemist and mystic. Learned in Arabic and a polygraph, he was called the Doctor Illuminatus. Descartes expresses contempt for him (*Méthode*, deuxième partie).

DIALOGUE II

Artemise, Raimond de Lulle

Artemise

Cela m'est tout à fait nouveau. Vous dites qu'il y a un secret pour changer les métaux en or et que ce secret s'appelle la pierre philosophale ou le grand oeuvre?

R. Lulle. Oui, et je l'ai cherché longtemps.

Ar. L'avez-vous trouvé?

R. Lul. Non; mais tout le monde l'a cru et on le croit encore. La vérité est que ce secret-là n'est qu'une chimère.

Ar. Pourquoi donc le cherchiez-vous?

R. Lul. Je n'en ai été désabusé qu'ici-bas.

Ar. C'est, ce me semble, avoir attendu un peu tard.

R. Lul. Je vois bien que vous avez envie de me railler. Nous nous ressemblons pourtant plus que vous ne croyez.

Ar. Moi, je vous ressemblerais? Moi qui fus un modèle de fidélité conjugale, qui bus les cendres de mon mari, qui lui élevai un superbe monument admiré de tout l'univers, comment pourrais-je ressembler à un homme qui a passé sa vie à chercher le secret de changer les métaux en or?

R. Lul. Oui, oui, je sais bien ce que je dis. Après toutes les belles choses dont vous venez de vous vanter, vous devîntes folle d'un jeune homme qui ne vous aimait pas. Vous lui sacrifiâtes ce bâtiment magnifique dont vous eussiez pu tirer tant de gloire, et les cendres de Mausole que vous aviez avalés ne furent pas un assez bon remède contre une nouvelle passion.

Ar. Je ne vous croyais pas si bien instruit de mes affaires. Cet endroit de ma vie était assez inconnu et je ne m'imaginais pas qu'il y eût bien de gens qui le sussent.

R. Lul. Vous avouerez donc que nos destinées ont du rapport en ce qu'on nous fait à tous deux un honneur que nous ne méritions pas; à vous de croire que vous aviez toujours été fidèle aux mânes de votre mari et à moi de croire que j'étais venu à bout du grand oeuvre.

Ar. Je l'avouerai très volontiers. Le public est fait pour être la dupe de beaucoup de choses; il faut profiter des dispositions où il est.

R. Lul. Mais n'y aurait-il plus rien qui nous fût commun à nous deux?

Ar. Jusqu'à présent je me trouve fort bien de vous ressembler. Dites.

R. Lul. N'avons-nous point tous deux cherché une chose qui ne se peut trouver: vous le secret d'être fidèle à votre mari et moi celui de changer les métaux en or? Je crois qu'il en est de la fidélité conjugale comme du grand oeuvre.

Ar. Il y a des gens qui ont si mauvaise opinion des femmes qu'ils diront peut-être que le grand oeuvre n'est pas assez impossible pour entrer dans cette comparaison.

R. Lul. Oh! Je vous le garantis aussi impossible qu'il faut.

Ar. Mais d'où vient qu'on le cherche et que vous-même, qui paraissez avoir été homme de bon sens, vous avez donné dans cette rêverie?

R. Lul. Il est vrai qu'on ne peut trouver la pierre philosophale, mais il est bon qu'on la cherche. En la cherchant on trouve de fort beaux secrets qu'on ne cherchait pas.

Ar. Ne vaudrait-il pas mieux chercher ces secrets qu'on peut trouver que de songer à ceux qu'on ne trouvera jamais?

R. Lul. Toutes les sciences ont leur chimère après laquelle elles courent sans la pouvoir attraper; mais elles attrapent en chemin d'autres connaissances fort utiles. Si la chimie a sa pierre philosophale, la géométrie a sa quadrature du cercle, l'astronomie ses longitudes, [60] les mécaniques leur mouvement perpétuel; il est

---

[60] "La recherche d'une méthode exacte pour trouver les longitudes en mer, est un problème qui a beaucoup exercé les mathématiciens des deux derniers siècles, et pour la solution duquel les Anglais ont proposé publiquement de grandes récompenses: on a fait de vains efforts pour en venir à bout, et on a proposé différentes méthodes mais sans succès; les projets se sont toujours trouvés mauvais, supposant des opérations trop impraticables

impossible de trouver tout cela mais fort utile de le chercher. Je vous parle une langue que vous n'entendez peut-être pas bien, mais vous entendrez bien du moins que la morale a aussi sa chimère: c'est le désintéressement, la parfaite amitié. On n'y parviendra jamais, mais il est bon que l'on prétende y parvenir. Du moins en le prétendant on parvient à beaucoup d'autres vertus, ou à des actions dignes de louange et d'estime.[61]

AR. Encore une fois, je serais d'avis qu'on laissât là toutes les chimères et qu'on ne s'attachât qu'à la recherche de ce qui est réel.

R. LUL. Pourrez-vous le croire? Il faut qu'en toutes choses les hommes se proposent un point de perfection au-delà même de leur portée. Ils ne se mettraient jamais en chemin s'ils croyaient n'arriver qu'où ils arriveront effectivement; il faut qu'ils aient devant les yeux un terme imaginaire qui les anime. Qui m'eût dit que la chimie n'eût pas dû m'apprendre à faire de l'or, je l'eusse négligée. Qui vous eût dit que l'extrême fidélité dont vous vous piquiez à l'égard de votre mari n'était point naturelle, vous n'eussiez pas pris la peine d'honorer la mémoire de Mausole par un tombeau magnifique. On perdrait courage si on n'était pas soutenu par des idées fausses.

AR. Il n'est donc pas inutile que les hommes soient trompés?

R. LUL. Comment inutile? Si par malheur la vérité se montrait telle qu'elle est, tout serait perdu; mais il paraît bien qu'elle sait de quelle importance il est qu'elle se tienne toujours assez bien cachée.

---

ou vicieuses par quelque endroit; de façon que la palme n'a encore été déférée à personne." *L'Encyclopédie,* art. "Longitude."

In point of fact the problem was solved in 1769 by John Harrison, who won the prize of £ 20,000 offered in 1714 by the British government.

[61] All edition before 1724 end the sentence at "autres vertus."

Apicius, Quintus Gavius, was a gourmet of the reign of Tiberius. There exists a cookery-book bearing his name (or that of Caelius Apicius) but it is believed to be a later compilation. Gavius Apicius hanged himself after having expended his fortune on elaborate food.

Galilée (Galileo Galilei) 1564-1642, the famous Italian mathematician, physicist and astronomer. He invented the thermometer and was the first to use a telescope as a scientific instrument. In 1632 he published his *Dialogue Concerning the Two Chief Systems of the World, the Ptolemaic and the Copernican*, one of the great works of modern astronomy. Imprisoned by the Inquisition, Galileo recanted. The *Dialogue* remained on the Index until 1822.

DIALOGUE III

Apicius, Galilée

Apicius

Ah ! que je suis fâché de n'être pas né dans votre siècle !

Galilée. Il me semble que de l'humeur dont vous étiez vous deviez vous accommoder assez bien du siècle où vous vécûtes. Vous ne vouliez que manger délicieusement et vous vous trouvâtes au monde et dans Rome justement lorsque Rome était maîtresse paisible de l'univers, qu'on y voyait arriver de tous côtés les oiseaux et les poissons les plus rares, et qu'enfin toute la terre semblait n'avoir été subjuguée par les Romains que pour contribuer à leur bonne chère.

Api. Mais mon siècle était ignorant, et s'il y eût eu un homme comme vous j'eusse été le chercher au bout du monde. Les voyages ne me coûtaient rien. Savez-vous celui que je fis pour une certaine sorte de poisson dont je mangeais à Minturne dans la Campanie ? On me dit que ce poisson-là était bien plus gros en Afrique ; aussitôt j'équipe un vaisseau et je fais voile en Afrique. La navigation fut difficile et dangereuse. Quand nous approchâmes des côtes d'Afrique je ne sais combien de barques de pêcheurs vinrent audevant de moi, car ils étaient déjà avertis de mon voyage, et m'apportaient de ces poissons qui en étaient le sujet. Je ne les trouvai pas plus gros que ceux de Minturne ; et dans le même moment, sans être touché de la curiosité de voir un pays que je n'avais jamais vu, sans avoir égard aux prières de l'équipage qui voulait se rafraîchir à terre, j'ordonnai aux pilotes que l'on retournât en Italie. Vous pouvez croire que j'eusse essuyé bien plus volontiers cette fatigue-là pour vous.

GA. Je ne puis deviner quel eût été votre dessein. J'étais un pauvre savant accoutumé à une vie frugale, toujours attaché aux étoiles et fort peu habile en ragoûts.

API. Mais vous avez inventé les lunettes de longue vue; après vous on a fait pour les oreilles ce que vous aviez fait pour les yeux, et j'entends dire qu'on a inventé des trompettes qui redoublent et grossissent la voix. Enfin vous avez perfectionné et vous avez appris aux autres à perfectionner les sens. Je vous eusse prié de travailler pour le sens du goût et d'imaginer quelque instrument qui augmentât le plaisir de manger.

GA. Fort bien, comme si le goût n'avait pas naturellement toute sa perfection.

API. Pourquoi l'a-t-il plutôt que la vue?

GA. La vue est aussi très parfaite. Les hommes ont de fort bons yeux.

API. Et qui sont donc les mauvais yeux auxquels vos lunettes peuvent servir?

GA. Ce sont les yeux des philosophes. Ces gens-là, à qui il importe de savoir si le soleil a des taches, si les planètes tournent sur leur centre, si la Voie de Lait est composée de petites étoiles, n'ont pas les yeux assez bons pour découvrir ces objets aussi clairement et aussi distinctement qu'il faudrait; mais les autres hommes, à qui tout cela est indifférent, ont la vue admirable. Si vous ne voulez que jouir des choses rien ne vous manque pour en jouir, mais tout vous manque pour les connaître. Les hommes n'ont besoin de rien et les philosophes ont besoin de tout. L'art n'a point de nouveaux instruments à donner aux uns, et jamais il n'en donnera assez aux autres.

API. Je consens que l'art ne donne pas au commun des hommes de nouveaux instruments pour mieux manger, mais je voudrais qu'il en donnât aux philosophes; comme il leur donne des lunettes pour mieux voir, et alors je les tiendrais bien payés des soins que la philosophie leur coûte; car enfin à quoi sert-elle si elle ne fait des découvertes? Et qu'a-t-on affaire de découvertes si ce n'est sur les plaisirs?

GA. Il y a longtemps que l'on a fait cette plainte.

API. Mais puisque la raison fait quelquefois des acquisitions nouvelles, pourquoi les sens n'en feraient-ils pas aussi? Il serait bien plus important qu'ils en fissent.

GA. Ils en vaudraient beaucoup moins. Ils sont si parfaits, qu'ils ont trouvé d'abord tous les plaisirs qui les pouvaient flatter. Si la raison trouve de nouvelles connaissances, il faut l'en plaindre ; c'est qu'elle était naturellement très imparfaite.

API. Et les rois de Perse qui proposaient de grandes récompenses à ceux qui inventeraient de nouveaux plaisirs, étaient-ils fous ?

GA. Oui. Je suis assuré qu'ils ne se sont pas ruinés à ces sortes de récompenses. Inventer de nouveaux plaisirs, il eût fallu auparavant faire naître dans les hommes de nouveaux besoins.

API. Quoi, chaque plaisir serait fondé sur un besoin ? J'aimerais autant abandonner l'un pour l'autre. La nature ne nous aurait donc rien donné gratuitement.

GA. Ce n'est pas ma faute. Mais vous qui condamnez mon avis, vous avez plus d'intérêt qu'un autre qu'il soit vrai. S'il se trouvait des plaisirs nouveaux, vous consoleriez-vous jamais de n'avoir pas été réservé pour vivre dans les derniers temps où vous eussiez profité des découvertes de tous les siècles ? Pour les connaissances nouvelles je sais que vous ne les envierez pas à ceux qui les auront.

API. J'entre dans votre sentiment ; il favorise mes inclinations plus que je ne croyais. Je vois que ce n'est pas un grand avantage que les connaissances, puisqu'elles sont abandonnées à ceux qui veulent s'en saisir, et que la nature n'a pas pris la peine d'égaler sur cela les hommes de tous les siècles ; mais les plaisirs sont de plus grand prix. Il y aurait eu trop d'injustice à souffrir qu'un siècle en pût avoir plus qu'un autre, et par cette raison le partage en a été égal.

Platon (Plato) 429-347 B. C. The philosopher.

Marguerite d'Ecosse (Margaret of Scotland) 1424?-1445? was the eldest daughter of James I of Scotland. She became Dauphiness of France by her marriage in 1436 to Louis, son of Charles VII. Calumniated by Jean du Tillet and undefended by her husband, she died at the age of twenty.

DIALOGUE IV

Platon, Marguerite d'Ecosse

M. d'Ecosse

Venez à mon secours, divin Platon, venez prendre mon parti, je vous en conjure.

Platon. De quoi s'agit-il?

M. d'E. Il s'agit d'un baiser que je donnai avec assez d'ardeur à un savant homme * fort laid. J'ai beau dire encore à présent pour ma justification ce que je dis alors, que j'avais voulu baiser cette bouche d'où étaient sorties tant de belles paroles; il y a là je ne sais combien d'ombres qui se moquent de moi et qui me soutiennent que de telles faveurs ne sont que pour les bouches qui sont belles, et non pour celles qui parlent bien; et que la science ne doit point être payée en même monnaie que la beauté. Venez apprendre à ces ombres que ce qui est véritablement digne de causer les passions échappe à la vue, et qu'on peut être charmé du beau même au travers de l'enveloppe d'un corps très laid dont il sera revêtu.

Pla. Pourquoi voulez-vous que j'aille débiter ces choses-là? Elles ne sont pas vraies.

M. d'E. Vous les avez déjà débitées mille et mille fois.

Pla. Oui, mais c'était pendant ma vie. J'étais philosophe et voulais parler d'amour; il n'eût pas été de la bienséance de mon caractère que j'en eusse parlé comme les auteurs des *Fables* *

---

* Alain Chartier. [62]
* Romans de ce temps-là. [63]

[62] The poet Alain Chartier (1392?-1433?) is best known for his *Quadrilogue invectif*. The date of his death seems to reduce to legend the story of the kiss, which is first reported by Jean Bouchet in his *Annales d'Aquitaine*. Margaret came to France in 1436.

[63] The *Milesian Fables* are erotic tales not unlike those in the *Decameron*.

Milésiennes; je couvrais ces matières-là d'un galimatias philosophique comme d'un nuage, qui empêchait que les yeux de tout le monde ne les reconnussent pour ce qu'elles étaient.

M. d'E. Je ne crois pas que vous songiez à ce que vous me dites. Il faut bien que vous ayez parlé d'un autre amour que de l'amour ordinaire quand vous avez décrit si pompeusement ces voyages que les âmes ailées font dans des chariots sur la dernière voûte des cieux où elles contemplent le beau dans son essence; leurs chutes malheureuses d'un lieu si élevé jusque sur la terre par la faute d'un de leurs chevaux qui est très mal-aisé à mener; le froissement de leurs ailes; leur séjour dans les corps, ce qui leur arrive à la rencontre d'un beau visage qu'elles reconnaissent pour une copie de ce beau qu'elles ont vu dans le ciel; leurs ailes qui se réchauffent, qui recommencent à pousser, et dont elles tâchent de se servir pour s'envoler vers ce qu'elles aiment; enfin cette crainte, cette horreur, cette épouvante dont elles sont frappées à la vue de la beauté qu'elles savent qui est divine, cette sainte fureur qui les transporte et cette envie qu'elles sentent de faire des sacrifices à l'objet de leur amour, comme on en fait aux dieux.[64]

Pla. Je vous assure que tout cela bien entendu et fidèlement traduit veut seulement dire que les belles personnes sont propres à inspirer bien des transports.

M. d'E. Mais, selon vous, on ne s'arrête point à la beauté corporelle qui ne fait que rappeler le souvenir d'une beauté infiniment plus charmante. Serait-il possible que tous ces mouvements si vifs que vous aviez dépeints ne fussent causés que par de grands yeux, une petite bouche, et un teint frais? Ah! donnez-leur pour objet la beauté de l'âme si vous voulez les justifier, et vous justifier vous-même de les avoir dépeints.

Pla. Voulez-vous que je vous dise la vérité? La beauté de l'esprit donne de l'admiration, celle de l'âme donne de l'estime, et celle du corps de l'amour. L'estime et l'admiration sont assez tranquilles; il n'y a que l'amour qui soit impétueux.

M. d'E. Vous êtes devenu libertin depuis votre mort, car non seulement pendant votre vie vous parliez un autre langage sur l'amour mais vous mettiez en pratique les idées sublimes que vous en aviez conçues. N'avez-vous pas été amoureux d'Arquéanasse de

---

[64] See Plato, *Phaedrus* XXV-XXXIX.

Colophon lorsqu'elle était vieille? Ne fîtes-vous ces vers pour elle? [65]

> L'aimable Arquéanasse a mérité ma foi.
> Elle a des rides, mais je vois
> Une troupe d'amours se jouer dans ses rides.
> Vous qui pûtes la voir avant que ses appas
> Eussent du cours des ans reçu ces petits vides
> Ah! que ne souffrîtes-vous pas?

Assurément cette troupe d'amours qui se jouaient dans les rides d'Arquéanasse, c'étaient les agréments de son esprit que l'âge avait perfectionné. Vous plaigniez ceux qui l'avaient vue jeune parce que sa beauté avait fait des impressions trop sensibles sur eux, et vous aimiez en elle le mérite qui ne pouvait être détruit par les années.

PLA. Je vous suis trop obligé de ce que vous voulez bien interpréter si favorablement une petite satire que je fis contre Arquéanasse, qui croyait me donner de l'amour à l'âge qu'elle avait. Mes passions n'étaient point si métaphysiques que vous pensez, et je puis vous le prouver par d'autres vers que j'ai faits. Si j'étais encore vivant je ferais la même cérémonie que je fais faire à mon Socrate lorsqu'il va parler d'amour: je me couvrirais le visage et vous ne m'entendriez qu'au travers d'un voile; [66] mais ici ces façons-là ne sont pas nécessaires. Voici mes vers: [67]

> Lorsqu'Agathis par un baiser de flamme
> Consent à me payer des maux que j'ai sentis
> Sur mes lèvres soudain je sens venir mon âme
> Qui veut passer sur celles d'Agathis.

M. D'E. Est-ce Platon que j'entends?
PLA. Lui-même.

---

[65] This poem is attributed to Plato by Athenaeus (*Deip.* XIII, 589). Compare Diogenes Laertius, Book III. A slightly different version appears in the *Anthology* (VII, 217) under the name of Asclepiades.

[66] See Plato, *Phaedrus*, XIII.

[67] This is a version of epigram 78, Book V of the *Anthology*, where it is attributed to Plato. F.'s version has changed Agathon to Agathis.

M. d'E. Quoi, Platon avec ses épaules carrées, sa figure sérieuse, et toute la philosophie qu'il avait dans la tête, Platon a connu cette espèce de baiser?

Pla. Oui.

M. d'E. Mais songez-vous bien que le baiser que je donnai à mon savant fut tout à fait philosophique, et que celui que vous donnâtes à votre maîtresse ne le fut point du tout, que je fis votre personnage et que vous fîtes le mien?

Pla. J'en tombe d'accord; les philosophes sont galants, tandis que ceux qui seraient nés pour être galants s'amusent à être philosophes. Nous laissons courir après les chimères de la philosophie les gens qui ne les connaissent pas et nous nous rabattons sur ce qu'il y a de réel.

M. d'E. Je vois que je m'étais très mal adressée à l'amant d'Agathis pour la défense de mon baiser. Si j'avais eu de l'amour pour ce savant si laid, je trouverais encore bien moins mon compte avec vous. Cependant l'esprit peut causer des passions par lui-même, et bien en prend aux femmes. Elles se sauvent de ce côté-là si elles ne sont pas belles.

Pla. Je ne sais si l'esprit cause des passions, mais je sais bien qu'il met le corps en état d'en faire naître sans le secours de la beauté, et lui donne l'agrément qui lui manquait. Et ce qui en est une preuve, c'est qu'il faut que le corps soit de la partie et fournisse toujours quelque chose du sien, c'est-à-dire tout au moins de la jeunesse; car s'il ne s'aide point du tout l'esprit lui est absolument inutile.

M. d'E. Toujours de la matière dans l'amour.

Pla. Telle est sa nature. Donnez-lui, si vous voulez, l'esprit seul pour objet, vous n'y gagnerez rien; vous serez étonnée qu'il rentrera aussitôt dans la matière. Si vous n'aimiez que l'esprit de votre savant, pourquoi le baisâtes-vous? C'est que le corps est destiné à recueillir le profit des passions que l'esprit même aurait inspirées.

Straton was the tutor of Ptolemy Philadelphus (285-247 B. C.), king of Egypt. Straton was for eighteen years after 288 B. C. head of a group of Aristotle's followers called the Peripatetics. Owing to his concentration on natural science, Straton was surnamed Physicus.

Raphael d'Urbin (Raphael Sanzio) 1483-1520 is here taken to be the type of the practical artisan.

DIALOGUE V

Straton, Raphael d'Urbin

Straton

Je ne m'attendais pas que le conseil que je donnai à mon esclave dût produire des effets si heureux. Il me valut là-haut la vie et la royauté tout ensemble, et ici il m'attire l'admiration de tous les sages.

Raphael d'Ur. Et quel est ce conseil?

Stra. J'étais à Tyr. Tous les esclaves de cette ville se révoltèrent et égorgèrent leurs maîtres; mais un esclave que j'avais eut assez d'humanité pour épargner ma vie et pour me dérober de la fureur de tous les autres. Ils convinrent de choisir pour roi celui d'entr'eux qui à un certain jour apercevrait le premier le lever du soleil. Ils s'assemblèrent dans une campagne. Toute cette multitude avait les yeux attachés sur la partie orientale du ciel d'où le soleil devait sortir; mon esclave seul, que j'avais instruit de ce qu'il avait à faire, regardait vers l'occident. Vous ne doutez point que les autres ne le traitassent de fou. Cependant en leur tournant le dos il vit les premiers rayons du soleil qui paraissaient sur le haut d'une tour fort élevée, et ses compagnons en étaient encore à chercher vers l'orient le corps même du soleil.[68] On admira la subtilité d'esprit qu'il avait eue; mais il avoua qu'il me la devait et que je vivais encore, et aussitôt je fus élu roi comme un homme divin.

R. d'Ur. Je vois bien que le conseil que vous donnâtes à votre esclave vous fut fort utile, mais je ne vois pas ce qu'il avait d'admirable.

---

[68] This story is in Livy, IX, 3.

STRA. Ah! Tous les philosophes qui sont ici vous répondront pour moi, que j'appris à mon esclave ce que tous les sages doivent pratiquer: que pour trouver la vérité il faut tourner le dos à la multitude, et que les opinions communes sont la règle des opinions saines pourvu qu'on les prenne à contresens.

R. D'UR. Ces philosophes-là parlent bien en philosophes. C'est leur métier de médire des opinions communes et des préjugés; cependant il n'y a rien ni de plus commode ni de plus utile.

STRA. A la manière dont vous en parlez on devine bien que vous ne vous êtes pas mal trouvé de les suivre.

R. D'UR. Je vous assure que si je me déclare pour les préjugés c'est sans intérêt; car au contraire ils me donnèrent dans le monde un assez grand ridicule. On travaillait à Rome dans les ruines pour en retirer des statues, et comme j'étais bon sculpteur et bon peintre on m'avait choisi pour juger si elles étaient antiques. Michel-Ange, qui était mon concurrent, fit secrètement une statue de Bacchus parfaitement belle. Il lui rompit un doigt après l'avoir faite et l'enfouit dans un lieu où il savait qu'on devait creuser. Dès qu'on l'eut trouvée je déclarai qu'elle était antique. Michel-Ange soutint que c'était une figure moderne. Je me fondais principalement sur la beauté de la statue, qui dans les principes de l'art méritait de venir d'une main grecque, et à force d'être contredit je poussai le Bacchus jusqu'au temps de Policlète ou de Phidias. A la fin Michel-Ange montra le doigt rompu, ce qui était un raisonnement sans réplique. On se moqua de ma préoccupation, mais sans cette préoccupation qu'eussé-je fait? J'étais juge, et cette qualité-là veut qu'on décide.

STRA. Vous eussiez décidé selon la raison.

R. D'UR. Et la raison décide-t-elle? Je n'eusse jamais su en la consultant si la statue était antique ou non, j'eusse seulement su qu'elle était très belle; mais le préjugé vient au secours, qui me dit qu'une belle statue doit être antique; voilà une décision, et je juge.

STRA. Il se pourrait bien faire que la raison ne fournirait pas des principes incontestables sur des matières aussi peu importantes que celle-là, mais sur tout ce qui regarde la conduite des hommes elle a des décisions très sûres; le malheur est qu'on ne la consulte pas.

R. D'UR. Consultons-la sur quelque point pour voir ce qu'elle établira. Demandons-lui s'il faut qu'on pleure ou qu'on rie à la mort de ses amis et de ses parents. D'un côté, vous dira-t-elle, ils sont perdus pour vous; pleurez. D'un autre côté, ils sont délivrés des misères de la vie; riez. Voilà des réponses de la raison, mais la coutume du pays nous détermine. Nous pleurons si elle nous l'ordonne, et nous pleurons si bien que nous ne concevons pas qu'on puisse rire sur ce sujet-là; ou nous en rions et nous en rions si bien que nous ne concevons pas qu'on puisse pleurer.

Stra. La raison n'est pas toujours si irrésolue. Elle laisse à faire au préjugé ce qui ne mérite pas qu'elle fasse elle-même, mais sur combien de choses très considérables a-t-elle des idées nettes d'où elle tire des conséquences qui ne le sont pas moins?

R. d'Ur. Je suis fort trompé si elles ne sont en petit nombre, ces idées nettes.

Stra. Il n'importe; on ne doit ajouter qu'à elles une foi entière.

R. d'Ur. Cela ne se peut parce que la raison nous propose un trop petit nombre de maximes certaines et que notre esprit est fait pour en croire davantage. Ainsi le surplus de son inclination à croire va au profit des préjugés, et les fausses opinions achèvent de la remplir.

Stra. Et quel besoin de se jeter dans l'erreur? Ne peut-on pas dans les choses douteuses suspendre son jugement? La raison s'arrête quand elle ne sait quel chemin prendre.

R. d'Ur. Vous dites vrai; elle n'a point alors d'autre secret pour ne point s'écarter que de ne pas faire un seul pas, mais cette situation est un état violent pour l'esprit humain: il est en mouvement, il faut qu'il aille. Tout le monde ne sait pas douter, on a besoin de lumières pour y parvenir et de force pour s'en tenir là. D'ailleurs le doute est sans action et il faut de l'action parmi les hommes.

Stra. Aussi doit-on conserver les préjugés de la coutume pour agir comme un autre homme; mais on doit se défaire des préjugés de l'esprit pour penser en homme sage.

R. d'Ur. Il vaut mieux les conserver tous. Vous ignorez apparemment les deux réponses de ce vieillard Samnite à qui ceux de sa nation envoyèrent demander ce qu'ils avaient à faire quand ils eurent enfermé dans le Pas des Fourches Caudines toute l'armée des Romains, leurs ennemis mortels et qu'ils furent en pouvoir d'ordonner souverainement de leur destinée. Le vieillard répondit que l'on passât au fil de l'épée tous les Romains. Son avis parut trop dur et trop cruel et les Samnites renvoyèrent vers lui pour lui en représenter les inconvénients. Il répondit que l'on donnât la vie à tous les Romains sans conditions. On ne suivit ni l'un ni l'autre conseil, et on s'en trouva mal. [69] Il en va de même des préjugés ; il faut les conserver tous ou les exterminer tous absolument. Autrement ceux dont vous vous êtes défait vous font entrer en défiance de toutes les opinions qui vous restent. Le malheur d'être trompé sur bien des choses n'est pas récompensé par le plaisir de l'être sans le savoir; et vous n'avez ni les lumières de la vérité ni l'agrément de l'erreur.

STRA. S'il n'y a pas de moyen d'éviter l'alternative que vous proposez, on ne doit pas balancer à prendre son parti. Il faut se défaire de tous ses préjugés.

R. D'UR. Mais la raison chassera de notre esprit toutes ses anciennes opinions et n'en mettra pas d'autres en la place. Elle y causera une espèce de vide. Et qui peut le soutenir? Non, non, avec aussi peu de raison qu'en ont les hommes, il leur faut autant de préjugés qu'ils ont accoutumé [70] d'en avoir. Les préjugés sont le supplément de la raison. Tout ce qui manque d'un côté on le trouve de l'autre.

---

[69] This story is in Justin, *Hist. phil.* XVIII, 3, 9-13.
[70] "Accoustumer. Il signifie aussi, Avoir de coustume, & alors il est neutre. *Il a accoustumé d'aller...*" *Dict. Acad.* 1694.

Lucrèce (Lucretia) the wife of Tarquinius Collatinus, was raped by Sextus, son of Tarquinius Superbus. She revealed the crime to her husband and then committed suicide. This incident led to the uprising in which the Tarquins were driven from Rome.

Barbe Plomberge (Barbara Plumberger or Blomberg), a woman of Ratisbon, was the mother of Don John of Austria, born 1547. It is not certain who was the father of Don John, but Charles V believed himself to be. Barbara died near Laredo on the Cantabrian coast after having long outlived her son.

DIALOGUE VI

Lucrèce, Barbe Plomberge

B. Plomberge

Vous ne voulez pas me croire; cependant il n'y a rien de plus vrai. L'Empereur Charles V eut avec la princesse que je vous ai nommée une intrigue à laquelle je servis de prétexte, mais la chose alla plus loin. La princesse me pria de vouloir bien aussi être la mère d'un petit prince qui vint au jour et j'y consentis pour lui faire plaisir.[71] Vous voilà bien étonnée! N'avez-vous pas ouï dire que quelque mérite qu'ait une personne, il faut qu'elle se mette encore au-dessus de ce mérite par le peu d'estime qu'elle en doit faire; que les gens d'esprit, par exemple, doivent être en cette manière au-dessus de leur esprit même? Pour moi, j'étais au-dessus de ma vertu; j'en avais plus que je ne me souciais d'en avoir.

Lucrèce. Bon! Vous badinez; on ne peut jamais en avoir trop.

B. Plom. Sérieusement, qui voudrait me renvoyer au monde à condition que je serais une personne accomplie, je ne crois pas que j'acceptasse le parti; je sais qu'étant si parfaite je donnerais du chagrin à trop de gens; je demanderais toujours à avoir quelque défaut ou quelque faiblesse pour la consolation de ceux avec qui j'aurais à vivre.

Lu. C'est-à-dire qu'en faveur des femmes qui n'avaient pas tant de vertu vous aviez un peu adouci la vôtre.

B. Plom. J'en avais adouci les apparences, de peur qu'elles ne me regardassent comme leur accusatrice auprès du public si elles m'eussent crue beaucoup plus sévère qu'elles.

---

[71] This story is discussed at length by Bayle in the Remark A to the article Don Jean d'Autriche.

Lu. Elles vous étaient en vérité fort obligées, et surtout la princesse, qui était assez heureuse d'avoir trouvé une mère pour ses enfants. Et ne vous en donna-t-elle qu'un?

B. Plom. Non.

Lu. Je m'en étonne; elle devait profiter davantage de la commodité qu'elle avait, car vous ne vous embarrassiez point du tout de la réputation.

B. Plom. Je vais vous surprendre. Sachez que l'indifférence que j'ai eue pour la réputation m'a réussi. La vérité s'est fait connaître malgré tous mes soins, et qu'on a démêlé à la fin que le prince qui passait pour mon fils ne l'était point; on m'a rendu plus de justice que je n'en demandais; et il me semble qu'on m'ait voulu récompenser par là de ce que je n'avais point fait parade de ma vertu et de ce que j'avais généreusement dispensé le public de l'estime qu'il me devait.

Lu. Voilà une belle espèce de générosité! Il ne faut point là-dessus faire de grâce au public.

B. Plom. Vous le croyez? Il est bien bizarre; il tâche quelquefois à se révolter contre ceux qui prétendent lui imposer d'une manière trop impérieuse la nécessité de les estimer. Vous devriez savoir cela mieux que personne. Il y a eu des gens qui ont été en quelque sorte blessés de votre trop d'ardeur pour la gloire; ils ont fait ce qu'ils ont pu pour ne vous pas tenir autant de compte de votre mort qu'elle le méritait.

Lu. Et quel moyen ont-ils trouvé d'attaquer une action si héroïque?

B. Plom. Que sais-je? Ils ont dit que vous vous étiez tuée un peu tard; que votre mort en eût valu mille fois davantage si vous n'eussiez pas attendu les derniers efforts de Tarquin; mais qu'apparemment vous n'aviez pas voulu vous tuer à la légère et sans bien savoir pourquoi. Enfin il paraît qu'on ne vous a rendu justice qu'à regret, et à moi on me l'a rendue avec plaisir. Peut-être a-ce été parce que vous couriez trop après la gloire, et que moi, je la laissais venir sans souhaiter même qu'elle vînt.

Lu. Ajoutez que vous faisiez tout ce qui vous était possible pour l'empêcher de venir.

B. Plom. Mais n'est-ce rien que d'être modeste? Je l'étais assez pour vouloir bien que ma vertu fût inconnue. Vous, au contraire, vous mîtes toute la vôtre en étalage et en pompe. Vous ne voulûtes même vous tuer que dans une assemblée de parents. La vertu n'est-elle pas contente du témoignage qu'elle se rend à elle-même? N'est-il pas d'une grande âme de mépriser cette chimère de gloire?

Lu. Il s'en faut bien garder. Ce serait une sagesse trop dangereuse. Cette chimère-là est ce qu'il y a de plus puissant au monde. Elle est l'âme de tout, on la préfère à tout; et voyez comme elle peuple les Champs-Elysées: la gloire nous amène ici plus de gens que la fièvre. Je suis du nombre de ceux qu'elle y a amenés; j'en puis parler.

B. Plom. Vous êtes donc bien prise pour dupe, aussi bien qu'eux, vous qui êtes morte de cette maladie-là? Car du moment qu'on est ici-bas toute la gloire imaginable ne fait aucun bien.

Lu. C'est là un des secrets du lieu où nous sommes; il ne faut pas que les vivants le sachent.

B. Plom. Quel mal y aurait-il qu'ils se défissent d'une idée qui les trompe?

Lu. On ne ferait plus d'actions héroïques.

B. Plom. Pourquoi? On les ferait par la vue de son devoir. C'est une vue bien plus noble. Elle n'est fondée que sur la raison.

Lu. Et c'est justement ce qui la rend trop faible. La gloire n'est fondée que sur l'imagination, et elle est bien plus forte. La raison elle-même n'approuverait pas que les hommes ne se conduisissent que par elle; elle sait trop que le secours de l'imagination lui est nécessaire. Lorsque Curtius fut sur le point de se sacrifier pour sa patrie et de sauter tout armé et à cheval dans ce gouffre qui s'était ouvert au milieu de Rome,[72] si on lui eût dit, "Il est de votre devoir de vous jeter dans cet abîme; mais soyez sûr que personne ne parlera jamais de votre action," de bonne foi je crains bien que Curtius n'eût fait retourner son cheval en arrière. Pour moi, je ne réponds point que je me fusse tuée si je n'eusse envisagé que mon devoir. Pourquoi me tuer? J'eusse cru que mon devoir n'était point blessé par la violence qu'on m'avait faite; tout au plus j'eusse cru le satisfaire par des larmes; mais pour se faire un nom il fallait se percer le sein, et je me le perçai.

---

[72] Curtius is one of the three heroes of a myth intended to explain the name of the Lacus Curtius. He leaped fully armed and on horseback into a chasm which suddenly opened in the Forum.

B. Plom. Vous dirai-je ce que j'en pense? J'aimerais autant qu'on ne fît point de grandes actions que de les faire par un principe aussi faux que celui de la gloire.

Lu. Vous allez un peu trop vite. Au fond tous les devoirs se trouvent remplis quoiqu'on ne les remplisse pas par la vue du devoir; toutes les grandes actions qui doivent être faites par les hommes se trouvent faites; enfin l'ordre que la nature a voulu établir dans l'univers va toujours son train; ce qu'il y a à dire c'est que ce que la nature n'aurait pas obtenu de notre raison, elle l'obtient de notre folie.

Soliman (Soliman I) 1494-1566 was Sultan of the Ottoman Empire when it reached its greatest expansion. He was the husband of Khurrem Sultan (Roxelana).

Juliette de Gonzague (Giulia Gonzaga) was the daughter of Giovanni Pietro, Count of Novellara (died 1515) and became the wife of Niccolò di Arco. "In June 1534 Barbarossa set forth from Constantinople at the head of a fleet of eighty-four ships... For several weeks he ravaged the shores of Southern Italy, where he tried, though in vain, to capture and carry off the beautiful Julia Gonzaga as a present for his Sultan's harem..." Roger Bigelow Merriman, *Suleiman the Magnificent*, Harvard University Press, 1944, p. 213.

DIALOGUES DES MORTS MODERNES

DIALOGUE I

Soliman, Juliette de Gonzague

Soliman

Ah! Pourquoi est-ce ici la première fois que je vous vois? Pourquoi ai-je perdu toute la peine que je pris pendant ma vie à vous faire chercher? J'eusse eu dans mon sérail la plus belle personne de l'Italie, et à présent je ne vois qu'une ombre qui n'a point de traits et qui ressemble à toutes les autres.

J. de Gonzague. Je ne puis trop vous remercier de l'amour que vous eûtes pour moi sur la réputation que j'avais d'être belle. Cela même redoubla beaucoup cette réputation, et je vous dois les plus agréables moments que j'aie passés. Surtout je me souviendrai toujours avec plaisir de la nuit où le pirate Barberousse, à qui vous aviez donné l'ordre de m'enlever, pensa me surprendre dans Cayette et m'obligea de sortir de la ville dans un désordre et avec une précipitation extrême.

So. Par quelle raison preniez-vous la fuite si vous étiez bien aise qu'on vous cherchât de ma part?

J. de Gon. J'étais ravie qu'on me cherchât et plus encore qu'on ne pût m'attraper. Rien ne me flattait plus que de penser que je manquais au bonheur de l'heureux Soliman et qu'on me trouvait à dire [73] dans le sérail, dans un lieu si rempli de belles personnes;

---

[73] "*Trouver à dire*, signifie, Trouver qu'il manque quelque chose...Il se dit aussi des personnes. *On vous a bien trouvé à dire dans cette compagnie.*" *Dict. Acad.* 1694.

mais je n'en voulais pas davantage. Le sérail n'est agréable que pour celles qui y sont souhaitées et non pour celles qu'on y enferme.

So. Je vois bien ce qui vous faisait peur ; ce grand nombre de rivales ne vous eût point accommodée. Peut-être aussi craigniez-vous que parmi tant de belles aimables il n'y en eût beaucoup qui ne fissent que servir d'ornement au sérail.

J. de Gon. Vous me donnez là de jolis sentiments.

So. Qu'est-ce que le sérail avait donc de si terrible ?

J. de Gon. J'eusse été blessée au dernier point de la vanité de vous autres sultans qui, pour faire montre de votre grandeur, y enfermez je ne sais combien de belles personnes dont la plupart vous sont inutiles et ne laissent pas d'être perdues pour le reste de la terre. D'ailleurs, croyez-vous que l'on s'accommode d'un amant dont les déclarations d'amour sont des ordres indispensables, et qui ne soupire que sur le ton d'une autorité absolue ? Non, je n'étais point propre pour le sérail, il n'était point besoin que vous me fissiez chercher, je n'eusse jamais fait votre bonheur.

So. Comment en êtes-vous si sûre ?

J. de Gon. C'est que je sais que vous n'eussiez pas fait le mien.

So. Je n'entends pas bien la conséquence. Qu'importe que j'eusse fait votre bonheur ou non ?

J. de Gon. Quoi, vous concevez qu'on puisse être heureux en amour par une personne que l'on ne rend pas heureuse ? Qu'il y ait, pour ainsi dire, des plaisirs solitaires qui n'aient pas besoin de se communiquer et qu'on en jouisse quand on ne les donne pas ? Ah ! ces sentiments font horreur à des coeurs bien faits.

So. Je suis Turc ; il me serait pardonnable de n'avoir pas toute la délicatesse possible. Cependant il me semble que je n'ai pas tant de tort. Ne venez-vous pas de condamner bien fortement la vanité ?

J. de Gon. Oui.

So. Et n'est-ce pas un mouvement de vanité que de vouloir faire le bonheur des autres ? N'est-ce pas une fierté insupportable de ne consentir que vous me rendiez heureux qu'à condition que je vous rende heureuse aussi ? Un sultan est plus modeste, il reçoit du plaisir de beaucoup de femmes très aimables à qui il ne se pique point d'en donner. Ne riez point de ce raisonnement ; il est plus solide qu'il ne vous paraît. Songez-y ; étudiez le coeur humain, et vous trouverez que cette délicatesse que vous estimez tant n'est qu'une espèce de rétribution orgueilleuse ; on ne veut rien devoir.

J. de Gon. Hé bien donc, je conviens que la vanité est nécessaire.

So. Vous la blâmiez tant tout à l'heure?

J. de Gon. Oui, celle dont je parlais; mais j'approuve fort celle-ci. Avez-vous de la peine à concevoir que les bonnes qualités d'un homme tiennent à d'autres qui sont mauvaises, et qu'il serait dangereux de le guérir de ses défauts?

So. Mais on ne sait à quoi s'en tenir. Que faut-il donc penser de la vanité?

J. de Gon. A un certain point c'est vice; un peu en deçà, c'est vertu.

Paracelse (Theophrastus Bombastus von Hohenheim, called Philippus Aureolus Paracelsus) 1493-1541, was a Swiss physician, chemist and charlatan. He devoted much of his life to magic and alchemy. In 1526 he became professor of medicine at Basel and formed a group interested in his "discoveries," *e. g.*, the means of prolonging life indefinitely.

Molière (Jean-Baptiste Poquelin) 1622-1673, the comic writer.

DIALOGUE II

Paracelse, Molière

Molière

N'y eût-il que votre nom, je serais charmé de vous, Paracelse! On croirait que vous seriez quelque Grec ou quelque Latin et on ne s'aviserait jamais de penser que Paracelse était un philosophe suisse.

Paracelse. J'ai rendu ce nom aussi illustre qu'il est beau. Mes ouvrages sont d'un grand secours à tous ceux qui veulent entrer dans les secrets de la nature, et surtout à ceux qui s'élèvent jusqu'à la connaissance des génies et des habitants élémentaires.

Mo. Je conçois aisément que ce sont là les vraies sciences. Connaître les hommes que l'on voit tous les jours, ce n'est rien; mais connaître les génies que l'on ne voit point, c'est toute autre chose.

Pa. Sans doute. J'ai enseigné fort exactement quelle est leur nature, quels sont leurs emplois, leurs inclinations, leurs différents ordres, quel pouvoir ils ont dans l'univers.

Mo. Que vous étiez heureux d'avoir toutes ces lumières! Car à plus forte raison vous saviez parfaitement tout ce qui regarde l'homme, et cependant beaucoup de personnes n'ont pu seulement aller jusque là.

Pa. Oh! Il n'y a si petit philosophe qui n'y soit parvenu.

Mo. Je le crois. Vous n'aviez donc plus rien qui vous embarrassât sur la nature de l'âme humaine, sur ses fonctions, sur son union avec le corps?

Pa. Franchement il ne se peut pas qu'il ne reste toujours quelques difficultés sur ces matières; mais enfin on en sait autant que la philosophie en peut apprendre.

Mo. Et vous n'en saviez pas davantage?

Pa. Non. N'est-ce pas bien assez?

Mo. Assez? Ce n'est rien du tout. Et vous sautiez ainsi par-dessus les hommes que vous ne connaissiez pas pour aller aux génies?

Pa. Les génies ont quelque chose qui pique bien plus la curiosité naturelle.

Mo. Oui; mais il n'est pardonnable de songer à eux qu'après qu'on n'a plus rien à connaître dans les hommes. On dirait que l'esprit humain a tout épuisé quand on voit qu'il se forme des objets de sciences qui n'ont peut-être aucune réalité et dont il s'ambarrasse à plaisir; cependant il est sûr que des objects très réels lui donneraient, s'il voulait, assez d'occupation.

Pa. L'esprit néglige naturellement les sciences trop simples et court après celles qui sont mystérieuses. Il n'y a que celles-là sur lesquelles il puisse exercer toute son activité.

Mo. Tant pis pour l'esprit; ce que vous dites est tout à fait à sa honte. La vérité se présente à lui; mais parce qu'elle est simple il ne la reconnaît point, et il prend des mystères ridicules pour elle seulement parce que ce sont des mystères. Je suis persuadé que si la plupart des gens voyaient l'ordre de l'univers tel qu'il est, comme ils n'y remarqueraient ni vertus des nombres, ni propriétés des planètes, ni fatalités attachées à de certains temps ou à de certaines révolutions, ils ne pourraient pas s'empêcher de dire sur cet ordre admirable, "Quoi, n'est-ce que cela?"

Pa. Vous traitez de ridicules des mystères où vous n'avez su pénétrer et qui en effet sont réservés aux grands hommes.

Mo. J'estime bien plus ceux qui ni comprennent point ces mystères-là que ceux qui les comprennent; mais malheureusement la nature n'a pas fait tout le monde capable de n'y rien entendre.

Pa. Mais vous qui décidez avec tant d'autorité, quel métier avez-vous donc fait pendant votre vie?

Mo. Un métier bien différent du vôtre. Vous avez étudié les vertus des génies, et moi j'ai étudié les sottises des hommes.

Pa. Voilà une belle étude! Ne sait-on pas bien que les hommes sont sujets à faire assez de sottises?

Mo. On le sait en gros et confusément; mais il en faut venir aux détails et alors on est surpris de l'étendue de cette science.

Pa. Et à la fin, quel usage en faisiez-vous?

Mo. J'assemblais dans un certain lieu le plus grand nombre de gens que je pouvais et je leur faisais voir qu'ils étaient tous des sots.

Pa. Il fallait de terribles discours pour leur persuader une pareille vérité.

Mo. Rien n'est plus facile. On leur prouve leurs sottises sans employer de grands tours d'éloquence ni des raisonnements bien médités. Ce qu'ils font est si ridicule qu'il ne faut qu'en faire autant devant eux et vous les voyez aussitôt crever de rire.

Pa. Je vous entends, vous étiez comédien. Pour moi, je ne conçois pas le plaisir qu'on prend à la comédie. On y va rire des moeurs qu'elle représente; et que ne rit-on des moeurs mêmes?

Mo. Pour rire des choses du monde il faut en quelque façon en être dehors, et la comédie vous en tire. Elle vous donne tout en spectacle comme si vous n'y aviez point de part.

Pa. Mais on rentre aussitôt dans ce tout dont on s'était moqué et on recommence à en faire partie?

Mo. N'en doutez pas. L'autre jour, en me divertissant, je fis ici une fable sur ce sujet. Un jeune oison volait avec la mauvaise grâce qu'ont tous ceux de son espèce quand ils volent, et pendant ce vol d'un moment qui ne l'élevait qu'à un pied de terre, il insultait au reste de la basse-cour. "Malheureux animaux," disait-il, "je vous vois au-dessous de moi, et vous ne savez pas fendre ainsi les airs." La moquerie fut courte; l'oison retomba dans le même temps.

Pa. A quoi donc servent les réflexions que la comédie fait faire, puisqu'elles ressemblent au vol de cet oison et qu'au même instant on retombe dans les sottises communes?

Mo. C'est beaucoup que de s'être moqué de soi; la nature nous y a donné une merveilleuse facilité pour nous empêcher d'être la dupe de nous-mêmes. Combien de fois arrive-t-il que dans le temps qu'une partie de nous fait quelque chose avec ardeur et avec empressement une autre partie s'en moque? Et s'il en était besoin même, on trouverait encore une troisième partie qui se moquerait des deux premières ensemble. Ne dirait-on pas que l'homme soit fait de pièces rapportées?

Pa. Je ne vois pas qu'il y ait matière sur tout cela d'exercer beaucoup son esprit. Quelques légères réflexions, quelques plaisanteries souvent mal fondées, ne méritent pas une grande estime;

mais quels efforts de méditation ne faudrait-il pas pour traiter des sujets plus relevés?

Mo. Vous revenez à vos génies, et moi, je ne reconnais que mes sots. Cependant, quoique je n'aie jamais travaillé que sur ces sujets si exposés aux yeux de tout le monde, je puis vous prédire que mes comédies vivront plus que vos sublimes ouvrages. Tout est sujet aux changements de la mode; les productions de l'esprit ne sont pas au-dessus de la destinée des habits. J'ai vu je ne sais combien de livres et de genres d'écrire enterrés avec leurs auteurs, ainsi que chez de certains peuples on enterre avec les morts les choses qui leur ont été les plus précieuses pendant leur vie. Je connais parfaitement quelles peuvent être les révolutions de l'empire des lettres, et avec tout cela je garantis la durée de mes pièces. J'en sais bien la raison. Qui veut peindre pour l'immortalité doit peindre des sots.

Marie Stuart (Mary, Queen of Scots) 1542-1587. After the death of her first husband, Francis II of France, Mary returned to Scotland where she married her cousin Henry Darnley; after his murder by James Hepburn, Earl of Bothwell, she married the latter. Driven from Scotland, she sought shelter in England, but after long confinement there she was beheaded.

David Riccio (or Rizzio) 1533?-1566 was an Italian from Turin who first entered the service of Mary, Queen of Scots, as a singer and rose to be her secretary and confidant. Mary secretly married Darnley in Rizzio's apartment at Stirling Castle. Because of his influence over Mary, Rizzio was seized by the earls of Morton and Lindsay in the presence of the queen and stabbed to death.

DIALOGUE III

MARIE STUART, DAVID RICCIO

D. RICCIO

Non, je ne me consolerai jamais de ma mort.

M. STUART. Il me semble cependant qu'elle fut assez belle pour un musicien. Il fallut que les principaux seigneurs de la cour d'Ecosse, et le roi mon mari lui-même, conspirassent contre toi; et l'on n'a jamais pris plus de mesures ni fait plus de façons pour faire mourir aucun prince.

D. RIC. Une mort si magnifique n'était point faite pour un misérable joueur de luth que la pauvreté avait envoyé d'Italie en Ecosse. Il eût mieux valu que vous m'eussiez laissé passer doucement mes jours à votre musique que de m'élever dans un rang de ministre d'Etat qui a sans doute abrégé ma vie.

M. STUART. Je n'eusse jamais cru te trouver si peu sensible aux grâces que je t'ai faites. Etait-ce une légère distinction que de te recevoir tous les jours seul à ma table? Crois-moi, Riccio, une faveur de cette nature ne faisait point de tort à ta réputation.

D. RIC. Elle ne me fit point d'autre tort sinon qu'il fallut mourir pour l'avoir reçue trop souvent. Hélas! Je dînais tête-à-tête avec vous comme à l'ordinaire lorsque je vis entrer le roi accompagné de celui qui avait été choisi pour être un de mes meurtriers parce que c'était le plus affreux Ecossais qui ait jamais été, et qu'une longue fièvre quarte dont il relevait l'avait encore rendu plus effroyable. Je ne sais s'il me donna quelques coups, mais autant qu'il m'en souvient, je mourus de le seule frayeur que sa vue me fit.

M. STUART. J'ai rendu tant d'honneur à ta mémoire que je t'ai fait mettre dans le tombeau des rois d'Ecosse.

D. RIC. Je suis dans le tombeau des rois d'Ecosse?

M. Stuart.   Il n'est rien de plus vrai.

D. Ric.   J'ai si peu senti le bien que cela m'a fait que vous m'en apprenez maintenant la première nouvelle. O mon luth! Faut-il que je t'ai quitté pour m'amuser à gouverner un royaume!

M. Stuart.   Tu te plains? Songe que ma mort a été mille fois plus malheureuse que la tienne.

D. Ric.   Oh! Vous étiez née dans une condition sujette à de grands revers; mais moi, j'étais né pour mourir dans mon lit. La nature m'avait mis dans la meilleure situation du monde pour cela; point de bien, beaucoup d'obscurité, un peu de voix seulement et du génie pour jouer du luth.

M. Stuart.   Ton luth te tient toujours au coeur. Hé bien; tu as eu un méchant moment; mais combien as-tu eu auparavant de journées agréables? Qu'eusses-tu fait si tu n'eusses jamais été que musicien? Tu te serais bien ennuyé dans une fortune si médiocre.

D. Ric.   J'eusse cherché mon bonheur dans moi-même.

M. Stuart.   Va, tu es un fou. Tu t'es gâté depuis ta mort par des réflexions oisives ou par le commerce que tu as eu avec les philosophes qui sont ici. C'est bien aux hommes d'avoir leur bonheur dans eux-mêmes!

D. Ric.   Il ne leur manque que d'en être persuadés. Un poète de mon pays a décrit un château enchanté où des amants et des amantes se cherchent sans cesse avec beaucoup d'empressement et d'inquiétude, se rencontrent à chaque moment et ne se reconnaissent jamais.[74] Il y a un charme de la même nature sur le bonheur des hommes; il est dans leurs propres pensées mais ils n'en savent rien; il se présente mille fois à eux et ils le vont chercher bien loin.

M. Stuart.   Laisse là le jargon et les chimères des philosophes. Lorsque rien ne contribue à nous rendre heureux, sommes-nous d'humeur à prendre la peine de l'être par notre raison?

D. Ric.   Le bonheur mériterait pourtant bien qu'on prît cette peine-là.

M. Stuart.   On la prendrait inutilement, il ne saurait s'accorder avec elle; on cesse d'être heureux sitôt que l'on sent l'effort que l'on fait pour l'être. Si quelqu'un sentait les parties de son corps travailler pour s'entretenir dans une bonne disposition, croiriez-vous

---

[74] Ariosto in *Orlando furioso* Cantos XII and XIII.

qu'il se portât bien ? Moi, je tiendrais qu'il serait malade. Le bonheur est comme la santé, il faut qu'il soit dans les hommes sans qu'ils l'y mettent ; et s'il y a un bonheur que la raison produise, il ressemble à ces santés qui ne se soutiennent qu'à force de remèdes et qui sont toujours très faibles et très incertaines.

Le troisième faux Démétrius. There were several impostors who, at the beginning of the seventeenth century, called themselves Dmitri and claimed to be the son of Tsar Ivan IV. The third of these was the deacon Sidore, who took the town of Pleskow by surprise but was driven out by its citizens and executed at Moscow in 1613.

Descartes, René, 1596-1650, the French philosopher and mathematician.

DIALOGUE IV

Le Troisième Faux Démétrius, Descartes

Descartes

Je dois connaître les pays du nord presque aussi bien que vous. J'ai passé une bonne partie de ma vie à philosopher en Hollande, et enfin j'ai été mourir en Suède, philosophe plus que jamais.

Le faux de. Je vois par le plan que vous me faites de votre vie qu'elle a été bien douce; elle n'a été occupée que par la philosophie; il s'en faut bien que je n'aie vécu si tranquillement.

Des. Ça a été votre faute. De quoi vous avisiez-vous de vouloir vous faire Grand Duc de Moscovie et de vous servir dans ce dessein des moyens dont vous vous servîtes? Vous entreprîtes de vous faire passer pour le Prince Démétrius à qui le trône appartenait, et vous aviez déjà devant les yeux l'exemple de deux faux Démétrius qui ayant pris ce nom l'un après l'autre avaient été reconnus pour ce qu'ils étaient, et avaient péri malheureusement. Vous deviez bien vous donner la peine d'imaginer quelque tromperie plus nouvelle; il n'y avait plus d'apparence que celle-là, qui était déjà usée, dût réussir.

Le faux de. Entre nous, les Moscovites ne sont pas des peuples bien raffinés. C'est leur folie de prétendre ressembler aux anciens Grecs, mais Dieu sait sur quoi cela est fondé.

Des. Encore n'étaient-ils pas si sots qu'ils pussent se laisser duper par trois faux Démétrius de suite. Je suis assuré que quand vous commençâtes à vouloir passer pour prince ils disaient presque tous d'un air de dédain, "Quoi, est-il encore question de voir des Démétrius?"

Le faux de. Je ne laissai pourtant pas de me faire un parti considérable. Le nom de Démétrius était aimé, on courait toujours après ce nom. Vous savez ce que c'est que le peuple.

Des. Et le mauvais succès qu'avaient eu les deux autres Démétrius, ne vous faisait-il point de peur?

Le faux de. Au contraire, il l'encourageait. Ne devait-on croire qu'il fallait être le vrai Démétrius pour oser paraître après ce qui était arrivé aux deux autres? C'était encore assez de hardiesse, quelque vrai Démétrius qu'on fût.

Des. Mais quand vous eussiez été le premier qui eussiez pris ce nom, comment aviez-vous le front de le prendre sans être assuré de le pouvoir soutenir par des preuves très vraisemblables?

Le faux de. Mais vous qui me faites tant de questions et qui êtes si difficile à contenter, comment osiez-vous vous ériger en chef d'une philosophie nouvelle où toutes les vérités inconnues jusqu'alors devaient être renfermées?

Des. J'avais trouvé beaucoup de choses assez apparentes pour me pouvoir flatter qu'elles étaient vraies, et assez nouvelles pour pouvoir faire une secte à part.

Le faux de. Et n'étiez-vous point effrayé par exemple de tant de philosophes qui, avec des opinions aussi bien fondées que les vôtres, n'avaient pas laissé d'être reconnus à la fin pour de mauvais philosophes? On vous en nommerait un nombre prodigieux, et vous ne me sauriez nommer que deux faux Démétrius qui avaient été avant moi. Je n'étais que le troisième dans mon espèce qui eût entrepris de tromper les Moscovites, mais vous n'étiez pas le millième dans la vôtre qui eussiez entrepris d'en faire accroire à tous les hommes.

Des. Vous saviez bien que vous n'étiez pas le prince Démétrius, mais moi je n'ai publié que ce que j'ai cru vrai; et je ne l'ai pas cru sans apparence. Je ne suis revenu de ma philosophie que depuis que je suis ici.

Le faux de. Il n'importe. Votre bonne foi n'empêchait pas que vous n'eussiez besoin de hardiesse pour assurer hautement que vous aviez enfin découvert la vérité. On a déjà été trompé par tant d'autres qui l'assuraient aussi que quand il se présente de nouveaux philosophes je m'étonne que tout le monde ne dise d'une voix, "Quoi, est-il encore question de philosophes et de philosophie?"

Des. On a quelque raison d'être toujours trompé par les promesses des philosophes. Il se découvre de temps en temps quelques petites vérités peu importantes mais qui amusent. Pour ce qui regarde le fond de la philosophie, j'avoue que cela n'avance guère.

Je crois aussi que l'on trouve quelquefois la vérité sur des articles considérables; mais le malheur est qu'on ne sait pas qu'on l'ait trouvée; car la philosophie (je crois qu'un mort peut dire tout ce qu'il veut) ressemble à un certain jeu à quoi jouent les enfants, où l'un d'entr'eux qui a les yeux bandés court après les autres. S'il en attrape quelqu'un il est obligé de le nommer; s'il ne le nomme pas il faut qu'il lâche la prise et recommence à courir. Il en va de même de la vérité. Il n'est pas que nous autres philosophes, quoique nous ayons les yeux bandés, nous ne l'attrapions quelquefois; mais quoi, nous ne lui pouvons pas soutenir que c'est elle que nous avons attrapée, et dès ce moment-là elle nous échappe.

Le faux de. Il n'est que trop visible qu'elle n'est point faite pour nous. Aussi vous verrez qu'à la fin on ne songera plus à la trouver; on perdra courage, et on fera bien.

Des. Je vous garantis que votre prédiction n'est pas bonne. Les hommes ont un courage incroyable pour les choses dont ils sont une fois entêtés. Chacun croit que ce qui a été refusé à tous les autres lui est réservé. Dans vingt-quatre mille ans il viendra des philosophes qui se vanteront de détruire toutes les erreurs qui auront régné pendant trente mille et il y aura des gens qui croiront qu'en effet on ne fera alors que commencer à ouvrir les yeux.

Le faux de. Quoi! C'était hasarder infiniment que de vouloir tromper les Moscovites pour la troisième fois; et à vouloir tromper tous les hommes pour la trente millième il n'aura rien à hasarder? Ils sont donc encore plus dupes que les Moscovites?

Des. Oui, sur le chapitre de la vérité. Ils en sont plus amoureux que les Moscovites ne l'étaient du nom de Démétrius.

Le faux de. Si j'avais à recommencer je ne voudrais point être Faux Démétrius; je me ferais philosophe; mais si on venait à se dégoûter de la philosophie et à désespérer de pouvoir découvrir la vérité...car je craindrais toujours cela.

Des. Vous aviez bien plus sujet de craindre quand vous étiez prince. Croyez que les hommes ne se décourageront point; cela ne leur arrivera jamais. Puisque les modernes ne découvrent pas la vérité plus que les anciens, il est bien juste qu'ils aient au moins autant d'espérance de la découvrir. Cette espérance est toujours agréable quoique vaine. Si la verité n'est due ni aux uns ni aux autres, du moins le plaisir de la même erreur leur est dû.

La Duchesse de Valentinois (Diane de Poitiers) 1499-1566, was the mistress of Henri II. Present-day opinion discounts the story that she had become the mistress of Francis I in order to secure her father's pardon. Diane de Poitiers was 38 at the beginning of her liaison with Henri II and was nearly 60 when he died.

Anne de Boulen (Anne Boleyn) 1507?-1536, was one of the wives of Henry VIII and the mother of Queen Elizabeth I. In 1536 several of Anne's reputed lovers were arrested and Anne was herself sent to the Tower on the accusation of adultery with various persons including her brother, Lord Rochford. Her father declared his conviction of his daughter's guilt at the trial of her reputed lovers. She was beheaded May 19, 1536.

DIALOGUE V

La Duchesse de Valentinois, Anne de Boulen

A. de Boulen

J'admire votre bonheur. Il semble que S. Valier votre père ne commette un crime que pour faire votre fortune. Il est condamné à perdre la tête, vous allez demander sa grâce au roi; être jolie et demander des grâces à un jeune prince, c'est s'engager à en faire; et aussitôt vous voilà maîtresse de François Ier.

La Duchesse. Le plus grand bonheur que j'aie eu en cela est d'avoir été amenée à la galanterie par l'obligation où est une fille de sauver la vie à son père. Le penchant que j'y avais pouvait aisément être caché sous un prétexte si honnête et si favorable.

A. de Bou. Mais votre goût se déclara bientôt par les suites, car vos galanteries durèrent plus longtemps que le péril de votre père.

La Duc. Il n'importe. En fait d'amour, toute l'importance est dans les commencements. Le monde sait bien que qui fait un pas en fera davantage; il ne s'agit que de bien faire ce premier pas. Je me flatte que ma conduite n'a pas mal répondu à l'occasion que la fortune m'offrit, et que je ne passerai pas dans l'histoire pour n'avoir été que médiocrement habile. On admirait que le Connétable de Montmorency eût été le ministre et le favori de trois rois;[75] mais j'ai été la maîtresse de deux et je prétends que c'est davantage.

---

[75] Anne de Montmorency (1493-1567) was made Connétable de France by Francis I in 1537. He served also under Henry II but lived in retirement during the short reign of Francis II. Recalled by Catherine de Medici, he took part in the civil wars under Charles IX.

A. de Bou. Je n'ai garde de disconvenir de votre habileté; mais je crois que la mienne l'a surpassée. Vous vous êtes fait aimer longtemps, mais je me suis fait épouser. Un roi vous rend des soins; tant qu'il a le coeur touché cela ne lui coûte rien. S'il vous fait reine, ce n'est qu'à l'extrémité et quand il n'a plus d'espérance.

La Duc. Vous faire épouser n'était pas une grande affaire; mais me faire toujours aimer en était une.[76] Il est aisé d'irriter l'amour quand on ne le satisfait pas, et fort malaisé de ne pas l'éteindre quand on le satisfait. Enfin vous n'aviez qu'à refuser toujours avec la même sévérité, et il fallait que j'accordasse toujours avec de nouveaux agréments.

A. de Bou. Puisque vous me pressez si fort par vos raisons, il faut que j'ajoute à ce que j'ai dit que si je me suis fait épouser ce n'est pas pour avoir eu beaucoup de vertu.

La Duc. Et moi, si je me suis fait aimer très constamment ce n'est pas pour avoir eu beaucoup de fidélité.

A. de Bou. Je vous dirai donc encore que je n'avais ni vertu ni réputation de vertu.

La Duc. Je l'avais compris ainsi, car j'eusse compté la réputation pour la vertu même.

A. de Bou. Il me semble que vous ne devez pas mettre au nombre de vos avantages des infidélités que vous fîtes à votre amant et qui, selon toutes les apparences, furent secrètes. Elles ne peuvent servir à relever votre gloire. Mais quand je commençai à être aimée du roi d'Angleterre le public qui était instruit de mes aventures ne me garda point le secret, et cependant je triomphai de la Renommée.

La Duc. Je vous prouverais peut-être, si je voulais, que j'ai été infidèle à Henri II avec assez peu de mystère pour m'en pouvoir faire honneur; mais je ne veux pas m'arrêter sur ce point-là. Le manque de fidélité se peut ou cacher ou réparer; mais comment cacher, comment réparer le manque de jeunesse? J'en suis pourtant venue à bout. J'étais coquette et je me faisais adorer; ce n'est rien, mais j'étais âgée. Vous, vous étiez jeune et vous vous laissâtes

---

[76] All editions before that of 1724 have: "La Duc. 'Mais la passion d'un amant a toujours besoin d'être entretenue, et un mariage qui est une fois fait ne donne plus de peine. Il est aisé'" etc. All later editions have the present reading.

couper la tête. Toute grand-mère que j'étais, je suis assurée que j'aurais eu assez d'adresse pour empêcher qu'on ne me la coupât.

A. DE BOU. J'avoue que c'est là la tache de ma vie, n'en parlons point. Je ne puis me rendre sur votre âge même qui est votre fort. Il était assurément moins difficile à déguiser que la conduite que j'avais eue. Je devais avoir bien troublé la raison de celui qui se résolvait à me prendre pour sa femme ; mais il suffisait que vous eussiez prévenu en votre faveur, et accoutumé peu à peu aux changements de votre beauté, les yeux de celui qui vous trouvait toujours belle.

LA DUC. Vous ne connaissez pas bien les hommes. Quand on paraît aimable à leurs yeux on paraît à leur esprit tout ce qu'on veut, vertueuse même, quoiqu'on ne soit rien moins ; la difficulté n'est que de paraître aimable à leurs yeux aussi longtemps qu'on voudrait.

A. DE BOU. Vous m'avez convaincue, je vous cède ; mais du moins que je sache de vous par quel secret vous réparâtes votre âge. Je suis morte et vous pouvez me l'apprendre sans craindre que j'en profite.

LA DUC. De bonne foi, je ne le sais pas moi-même. On fait presque toujours les grandes choses sans savoir comment on les fait et on est tout surpris qu'on les a faites. Demandez à César comment il se rendit le maître du monde ; peut-être ne vous répondra-t-il pas aisément.

A. DE BOU. La comparaison est glorieuse.

LA DUC. Elle est juste. Pour être aimée à mon âge j'ai eu besoin d'une fortune pareille à celle de César. Ce qu'il y a de plus heureux, c'est qu'aux gens qui ont exécuté d'aussi grandes choses que lui et moi on ne manque point de leur attribuer après coup des desseins et des secrets infaillibles, et de leur faire beaucoup plus d'honneur qu'ils ne méritaient.

Fernand Cortez (Hernando Cortez or Cortés) 1485-1547, was the Spanish conqueror of Mexico. Montezuma II thought him a god (Quetzalcoatl) and so received him graciously, but when Cortez had a firm grip on the country he compelled Montezuma in chains to acknowledge the sovereignty of Charles V.

Montézume (Montezuma II) 1480?-1520, was the last Aztec emperor of Mexico. His conquests enlarged the empire, but the various parts were without cohesion. Montezuma was held as a hostage by Cortez and when in June, 1520, the Aztecs attacked the Spaniards, Montezuma, at the behest of Cortez, attempted by a speech from the wall to end the hostilities. He was wounded by a volley of stones thrown by his subjects and died a few days later.

DIALOGUE VI

Fernand Cortez, Montézume

F. Cortez

Avouez la vérité. Vous étiez bien grossiers, vous autres Américains, quand vous preniez les Espagnols pour des hommes descendus de la sphère de feu parce qu'ils avaient du canon, et quand leurs navires vous paraissaient de grands oiseaux qui volaient sur la mer.

Montézume. J'en tombe d'accord. Mais je veux vous demander si c'était un peuple poli que les Athéniens.

F. Cor. Comment? Ce sont eux qui ont enseigné la politesse au reste des hommes.

Mon. Et que dites-vous de la manière dont se servit le Tyran Pisistrate pour rentrer dans la citadelle d'Athènes d'où il avait été chassé? N'habilla-t-il pas une femme en Minerve? (car on dit que Minerve était la déesse qui protégeait Athènes.) Ne monta-t-il pas sur un chariot avec cette déesse de sa façon qui traversa toute la ville avec lui en le tenant par la main et en criant aux Athéniens: "Voici Pisistrate que je vous amène et que je vous ordonne de recevoir?" Et ce peuple si habile et si spirituel ne se soumit-il pas à ce tyran pour plaire à Minerve, qui s'en était expliqué de sa propre bouche? [77]

F. Cor. Qui vous en a tant appris sur le chapitre des Athéniens?

Mon. Depuis que je suis ici je me suis mis à étudier l'histoire par les conversations que j'ai eues avec différents morts. Mais

---

[77] According to Pauly-Wissowa this story arose from the fact that the return of Pisistratus from exile and his resumption of power were to be sealed by his marriage to the daughter of Megakles.

enfin vous conviendrez que les Athéniens étaient un peu plus dupes que nous. Nous n'avions jamais vu de navires ni de canons, mais ils avaient vu des femmes; et quand Pisistrate entreprit de les réduire sous son obéissance par le moyen de sa déesse, il leur marqua assurément moins d'estime que vous ne nous en marquâtes en nous subjugant avec votre artillerie.

F. Cor. Il n'y a point de peuple qui ne puisse donner une fois dans un panneau grossier. On est surpris; la multitude entraîne les gens de bon sens. Que vous dirai-je? Il se joint encore à cela des circonstances qu'on ne peut pas deviner et qu'on ne remarquerait peut-être pas quand on les verrait.

Mon. Mais a-ce été par surprise que les Grecs ont cru dans tous les temps que la science de l'avenir était contenue dans un trou souterrain d'où elle sortait en exhalaisons? Et par quel artifice leur avait-on persuadé que quand la lune était éclipsée ils pouvaient la faire revenir de son évanouissement par un bruit effroyable? Et pourquoi n'y avait-il qu'un petit nombre de gens qui osassent se dire à l'oreille qu'elle était obscurcie par l'ombre de la terre? Je ne dis rien des Romains et des ces dieux qu'ils priaient à manger dans leurs jours de réjouissances et de ces poulets sacrés dont l'appétit décidait de tout dans la capitale du monde. [78] Enfin vous ne sauriez me reprocher une sottise de nos peuples d'Amérique, que je ne vous en fournisse une plus grande de vos contrées; et même je m'engage à ne vous mettre en ligne de compte que les sottises grecques ou romaines.

F. Cor. Avec ces sottises-là cependant, les Grecs et les Romains ont inventé tous les arts et toutes les sciences, dont vous n'aviez pas la moindre idée.

Mon. Nous étions bienheureux d'ignorer qu'il y eût des sciences au monde; nous n'eussions peut-être pas eu assez de raison

---

[78] In his *Histoire des oracles* F. argues that the vapors from the chasm of the oracle of Apollo at Delphi induced a prophetic ecstasy in the priestess. This theory is now discredited on the basis of excavations made at the site of the oracle.

The Roman festival was called the lectisternium (κλίνη, or θεοξένια) when a god or gods were made guests for a meal, couches being prepared for them as for human guests.

Chickens were regularly used by the Romans for divination. Food was given them, and if they ate it so as to drop some from their beaks, that was an excellent sign (tripudium solistimum).

pour nous empêcher d'être savants. On n'est pas toujours capable de suivre l'exemple de ceux d'entre les Grecs qui apportèrent tant de soins à se préserver de la contagion des sciences de leurs voisins. Pour les arts, l'Amérique avait trouvé des moyens de s'en passer, plus admirables peut-être que les arts même de l'Europe. Il est aisé de faire des histoires quand on sait écrire, mais nous ne savions point écrire, et nous faisions des histoires. On peut faire des ponts quand on sait bâtir dans l'eau, mais la difficulté est de n'y savoir point bâtir et de faire des ponts. Vous devez vous souvenir que les Espagnols ont trouvé dans nos terres des énigmes où ils n'ont rien entendu; je veux dire, par exemple, des pierres prodigieuses qu'ils ne concevaient pas qu'on eût pu élever sans machines aussi haut qu'elles étaient élevées. Que dites-vous à tout cela? Il me semble que jusqu'à présent vous ne m'avez pas trop bien prouvé les avantages de l'Europe sur l'Amérique.

F. Cor. Ils sont assez prouvés par tout ce qui peut distinguer les peuples polis d'avec les peuples barbares. La civilité règne parmi nous; la force et le violence n'y ont point de lieu; toutes les puissances y sont modérées par la justice; toutes les guerres y sont fondées sur des causes légitimes; et même voyez à quel point nous sommes scrupuleux: nous n'allâmes porter la guerre dans votre pays qu'après que nous eûmes examiné fort rigoureusement s'il nous appartenait et décidé cette question pour nous.

Mon. Sans doute c'était traiter des barbares avec plus d'égard qu'ils ne méritaient; mais je crois que vous êtes civils et justes le uns avec les autres comme vous étiez scrupuleux avec nous. Qui ôterait à l'Europe ses formalités la rendrait bien semblable à l'Amérique. La civilité mesure tous vos pas, dicte toutes vos paroles, embarrasse tous vos discours et gêne toutes vos actions; mais elle ne va point jusqu'à vos sentiments, et toute la justice qui devrait se trouver dans vos desseins ne se trouve que dans vos prétextes.

F. Cor. Je ne vous garantis point les coeurs. On ne voit les hommes que par dehors. Un héritier qui perd un parent et gagne beaucoup de bien, prend un habit noir. Est-il bien affligé? Non apparemment. Cependant s'il ne le prenait pas il blesserait la raison.

Mon. J'entends ce que vous voulez dire. Ce n'est pas la raison qui gouverne parmi vous, mais du moins elle fait sa protestation que les choses devraient aller autrement qu'elles ne vont; que les héritiers, par exemple, devraient regreter leurs parents; ils reçoivent cette protestation et pour lui en donner acte, ils prennent un habit noir. Vos formalités ne servent qu'à marquer un droit qu'elle a, et que vous ne lui laissez pas exercer; et vous ne faites pas, mais vous représentez ce que vous devriez faire.

F. Cor. N'est-ce pas beaucoup? La raison a si peu de pouvoir chez vous qu'elle ne peut seulement rien mettre dans vos actions qui vous avertisse de ce qui y devrait être.

Mon. Mais vous vous souvenez d'elle aussi inutilement que de certains Grecs dont on m'a parlé ici se souvenaient de leur origine. Ils s'étaient établis dans la Toscane, pays barbare selon eux, et peu à peu ils en avaient si bien pris les coutumes qu'ils avaient oublié les leurs. Ils sentaient pourtant je ne sais quel déplaisir d'être devenus barbares et tous les ans à certain jour ils s'assemblaient. Ils lisaient en grec les anciennes lois qu'ils ne suivaient plus, et qu'à peine entendaient-ils encore; ils pleuraient et puis se séparaient. Au sortir de là ils reprenaient gaiment la manière de vivre du pays. Il était question chez eux des lois grecques comme chez vous de la raison. Ils savaient que ces lois étaient au monde; ils en faisaient mention, mais légèrement et sans fruit. Encore les regrettaient-ils en quelque sorte; mais pour la raison, que vous avez abandonnée, vous ne la regrettez point du tout. Vous avez pris l'habitude de la connaître et de la mépriser.

F. Cor. Du moins quand on la connaît mieux on est bien plus en état de la suivre.

Mon. Ce n'est donc que par cet endroit que nous vous cédons? Ah! Que n'avions-nous des vaisseaux pour aller découvrir vos terres et que ne nous avisions-nous de décider qu'elles nous appartenaient! Nous eussions eu autant de droit de les conquérir que vous en eûtes de conquérir les nôtres.

JUGEMENT DE PLUTON
SUR LES DEUX PARTIES DES NOUVEAUX DIALOGUES
DES MORTS

A Monsieur L. M. D. S. A.[79]

Monsieur,

Tenez-m'en compte, si vous voulez; sans vous je n'eusse point fait le *Jugement de Pluton*. Je vous ai dit bien des fois qu'il n'y avait rien de plus inutile ni en même temps de plus aisé que de faire des critiques. Critiquez tant qu'il vous plaira, faites-vous revenir quelqu'un de son premier jugement? Personne du monde. Et puis, pourquoi ferait-on revenir les gens? Leur premier jugement a souvent été fort bon.[80] Pour la facilité vous demeurerez d'accord qu'on en a assez à découvrir les défauts d'autrui. Tout paresseux que je sois, je voudrais être gagé pour critiquer tous les livres qui se font. Quoique l'emploi paraisse assez étendu, je suis assuré qu'il me resterait encore du temps pour ne rien faire. Aussi n'admire-t-on pas beaucoup la pénétration avec laquelle un critique démêle ce que l'on peut condamner dans un ouvrage. Ou bien on n'en avait pas encore aperçu les défauts, et alors on ne convient pas avec lui qu'ils y soient; ou bien on les avait aperçus

---

[79] This I conjecture to be Monsieur le Marquis de Sainte-Aulaire (François-Joseph de Beaupoil, Marquis de Sainte-Aulaire, 1643-1742). A connaisseur who published his first verses anonymously at the age of sixty, he was like F. in the bad graces of Boileau. Of course the initials may not stand for any real person, like the D. H. with which Fontenelle signed the letter.

[80] The edition of 1715 has "...bon et s'il ne l'a pas été ils reviennent d'eux-mêmes avec un peu de temps. Pour la" etc. All other editions have the present reading.

et on lui ôte la gloire de sa remarque. En un mot, ou il a été prévenu par son lecteur ou il n'en est pas suivi. A ce compte, pourquoi ai-je fait une critique? Est-ce pour m'opposer au succès des *Dialogues des morts*? Je n'ai pas tant d'autorité auprès du public. Est-ce pour montrer qu'il se trouve des défauts partout? Ce ne serait rien de surprenant. Est-ce enfin pour donner à entendre que je ferais quelque chose de meilleur que ce que je critique? Moins encore cela que tout le reste. Quoi donc? Je ne sais si on voudra bien croire que cette mauvaise critique des *Dialogues des morts* que nous lûmes en manuscrit, vous et moi, cette critique qui ne critiquait rien mais qui en récompense disait des injures, nous donna l'idée d'en faire une plus sévère à l'égard de l'ouvrage et plus honnête à l'égard de l'auteur. Nos premières pensées nous réjouirent, et vous voulûtes que je travaillasse. Je l'ai fait. Si je l'ai fait sans succès, je serai assez payé de la peine que j'ai prise par le plaisir de vous avoir prouvé que je suis,

MONSIEUR,

Votre très humble et très obéissant serviteur,

D. H.

JUGEMENT DE PLUTON
SUR
LES DIALOGUES DES MORTS

Premiere Partie

Jamais il n'y eut tant de désordre dans les enfers. C'est une confusion incroyable.[81] Il y avait auparavant différents quartiers où l'on mettait ensemble tous les morts de même condition. Ils s'y entretenaient de ce qui leur était convenable, ou bien ils ne disaient mot; mais depuis qu'ils ont lu les dialogues qu'on leur fait faire tout est renversé: les courtisanes se sont jetées dans le quartier des héros et leur ont dit cent sottises, dont la gravité de ces messieurs a été fort offensée; les savants, qui faisaient la cour aux princes, les ont traités comme les princes devaient traiter les savants; les rangs qui étaient réglés entre eux selon l'ordre naturel ont été troublés, et l'on a vu Charles V qui marchait à la suite d'Erasme et qui le traitait de Majesté. Si Pluton[82] a affaire d'un mort il ne sait plus où le prendre. L'autre jour il fit chercher Arétin par tout l'enfer. Comme on ne le trouvait point, on croyait qu'il se fût évadé, et on n'avait garde de s'imaginer qu'il était avec Auguste. Pluton rencontra par malheur Anacréon et Aristote qui parlaient ensemble; et dans le temps qu'il poussait l'un par les épaules dans le quartier des poètes et l'autre dans celui des philosophes il aperçut de là Homère et Esope qui étaient sortis chacun de leur demeure pour se faire des compliments et puis pour se

---

[81] All editions before 1724 have: "...c'est une confusion que l'on aurait de la peine à croire." Later editions have the present reading.
[82] Pluto, son of Cronus and Rhea, brother of Zeus and Poseidon, husband of Persephone, ruled pitilessly over the underworld and the dead.

dire des injures, et un peu plus loin l'Empereur Adrien et Marguerite d'Autriche qui étaient venus des deux bouts de l'enfer dans le dessein de se battre. Il vit bien qu'il serait difficile de remédier à ce mal, et en attendant qu'il pût remettre l'ordre dans son empire, il voulut décharger sa mauvaise humeur sur le livre qui avait causé tant de trouble. Il résolut d'en faire la critique publiquement; mais comme il n'est pas trop fin sur ces matières, et qu'il n'a qu'un sens commun assez droit, mais peu délicat, il jugea à propos de recevoir les accusations de tout le monde contre les *Dialogues des morts* et de former sur cela son jugement. Il fit donc publier dans les enfers qu'à tel jour on jugerait ce livre dans son palais; que pour Lucien et les trente-six morts intéressés dans les dix-huit dialogues, ils n'y manquassent pas absolument.

Le jour venu, l'assemblée fut nombreuse; Pluton était assis sur son trône avec un air fort chagrin. Il bâillait à chaque moment parce qu'il venait de lire ce livre, et il se plaignait même d'une grosse migraine qui lui était venue de ce qu'il l'avait lu avec application. Eaque et Rhadamanthe[83] étaient à ses côtés, plus refrognés et plus sombres qu'à l'ordinaire. Tous les morts gardaient un profond silence lorsque Pluton se leva et fit cette terrible et courte harangue:

—Morts! Où diable l'auteur des dialogues a-t-il pris que j'étais usé? Je lui ferai voir qu'il n'en est rien. Que tout l'enfer soit témoin de ma vengeance et que le bruit en aille jusqu'à la boutique de Brunet.[84]

Il ne dit pas davantage. Aussitôt voilà je ne sais combien d'accusateurs qui commencent à parler tous à la fois. Eaque leur fit signe de se taire et dit qu'il aurait soin de faire parler chacun en son rang; et même pour observer un ordre plus juridique et ne pas donner lieu de croire qu'un livre eût été condamné sans avoir été défendu, il ordonna à Lucien de représenter l'auteur des nouveaux *Dialogues* et de répondre pour lui; mais Lucien déclara nettement qu'il ne se voulait point charger de cela.

—Quoi, lui dit Eaque, vous êtes le héros du livre, c'est à vous qu'il est dédié, et vous ne le voulez pas défendre? Il faut que celui

---

[83] Aeacus and Rhadamanthus are both sons of Zeus, the one by Aegina, the other by Europa. Both are represented as judges of the underwold.

[84] The editions generally change this name to that of the publisher in question.

à qui s'adresse l'Epître dédicatoire paie ou protège. Vous n'avez rien donné à votre auteur, protégez-le donc tout au moins.

—Je ne suis engagé à faire ni l'un ni l'autre, répondit Lucien. Si l'auteur avait pu trouver un autre héros que moi, il l'aurait pris. Il n'a choisi un mort que faute de vivants. Et puis, qui vous a dit que les épîtres dédicatoires obligeassent à quelque chose? Informez-vous-en à beaucoup de grands seigneurs que je vois ici dont le nom est à la tête d'une infinité de livres.

Le Stoïcien Chrysippe, qui était présent, et qui, outre qu'l est naturellement chagrin, n'a pas trop sujet d'être des amis de Lucien,[85] prit la parole pour dire que Lucien avait raison de ne vouloir faire le personnage d'avocat dans un jugement où il eût dû paraître lui-même en qualité de criminel; que c'était lui qui avait donné le mauvais exemple de faire parler des morts; que toutes les fautes de son imitateur pouvaient fort justement être mises sur son compte, et qu'on lui donnerait peut-être de la peine à lui-même si on voulait examiner ses propres dialogues. Pluton, qui était de mauvaise humeur contre tous les dialogues, approuva que l'on fît le procès à ceux même de Lucien; et Chrysippe, ravi d'avoir une occasion de se venger, continua ainsi:

—Je vois, dit-il, que Lucien se prépare à m'écouter avec un air railleur et dédaigneux. Il est vrai qu'il a eu les rieurs pour lui en l'autre monde, mais je ne sais s'il les aura en celui-ci. Il est du nombre de ces plaisants fort sujets aux répétitions et qui n'ont qu'un même ton de plaisanterie. On lui dit dans l'Epître qu'on lui adresse 'qu'on est bien fâché qu'il eût épuisé toutes ces belles matières de l'égalité des morts, du regret qu'ils ont à la vie, de la fausse fermeté que les philosophes affectent de faire paraître en mourant, du ridicule malheur de ces jeunes gens qui meurent avant les vieillards dont ils croyaient hériter et à qui ils faisaient la cour.' Je vous assure que quelque tentation qu'eût pu avoir son imitateur de retoucher un peu à ces matières-là, il ne lui eût pas été possible de le faire. Lucien y a donné bon ordre; il a tourné ses sujets en mille manières toutes fort semblables. Surtout combien de dialogues sur ces pauvres héritiers trompés! Qui l'obligerait à dire toujours

---

[85] See note 54. Lucian makes game of Chrysippus not in his *Dialogues of the Dead* but in the dialogue entitled by Perrot d'Ablancourt "Les sectes des philosophes à l'encan." See his *Lucien,* Paris, 1707, I, 314-319.

des choses nouvelles, on le réduirait peut-être à une petite demi-douzaine de dialogues de morts. Pour moi, j'opinerais qu'à cause de ses répétitions on le mît ici à la place de Sisyphe et qu'on lui donnât cette grosse pierre à tourner et à retourner sans fin comme il a fait ses sujets.

Tous les morts se mirent à rire. Lucien rit aussi, mais ce n'était point de bonne grâce. Chrysippe, encouragé par ce petit applaudissement, voulait poursuivre; mais Rhadamanthe, qui est un juge exact, et qui ne permet pas qu'on s'éloigne jamais du fait dont il s'agit, dit fort sévèrement:

—Il n'est pas question de Lucien. Sa réputation est faite; si l'on s'y voulait opposer il fallait s'en aviser plus tôt.

—Vous êtes bien bon, interrompit Caton d'Utique, avec un air encore plus sévère que celui de Rhadamanthe. Et ces Messieurs les faiseurs de dialogues ménagent-ils les réputations les plus anciennes? Quel égard a-t-on eu pour moi? Je suis un mort de seize cents ans, admiré pendant seize cents ans, et au bout de ce temps-là on vient m'inquiéter sur ma mort. Elle n'a pas eu le bonheur de plaire à l'auteur d'un petit livre. 'Elle est trop guindée,' dit-il; je mourus trop sérieusement, je ne fus pas assez réjouissant dans cette action. Je ne fis point de turlupinades comme eût dû faire un vrai philosophe; je ne m'avisai point de dire

    Ma petite âme, ma mignonne.

Enfin, ce qui gâte tout, je ne ronflai point. Il est pourtant sûr que je donnai ordre à tout sans aucun trouble; que je ne différai à me tuer et que je ne lus deux fois ce dialogue de Platon que pour attendre qu'on m'eût apporté des nouvelles de mes amis qui s'étaient mis sur la mer et qui tâchaient de se dérober à César; que dès qu'on me les eut apportées, je me donnai le coup. Comment cet homme-là veut-il que l'on meure? Qu'il nous fasse la grâce de nous donner le modèle d'une mort qui lui plaise afin qu'on se règle là-dessus et qu'un héros soit sûr de son fait quand il lui prendra envie de mourir. Faudra-t-il faire des vers? (Car il y en a dans les deux morts dont il paraît content.) Les grands hommes seront-ils obligés à dire des sottises à leur âme et les filles à se plaindre de leur virginité gardée malgré elles? A-ce été pour nous proposer ces beaux exemples de grandeur d'âme qu'il a fallu se moquer du jugement que dix-sept siècles avaient prononcé sur ma mort? Où est le respect qu'on doit à l'antiquité? De quel droit va-t-on dégrader ses héros?

Toute l'assemblée commençait à être émue de la véhémence avec laquelle Caton harangait; mais l'Empereur Adrien se leva et dit froidement:

—Ne faites point tant de bruit pour les intérêts de l'antiquité; elle n'a point lieu de se plaindre du nouvel auteur des dialogues. Il vous dégrade à la vérité et vous ôte votre rang de héros, mais l'antiquité n'y perd rien car il me met aussitôt en votre place, moi qui n'étais point auparavant compté pour un héros par la manière dont j'étais mort. J'en demande pardon à la bonne compagnie qui est ici, mais j'eus bien de la peine à me résoudre à la venir trouver. Je fus extrêmement inquiet pendant ma maladie. Je voulais absolument que les médecins imaginassent un moyen de me faire vivre, et je suis fort obligé à l'auteur des *Dialogues* de m'avoir fait grâce sur tout cela. Aussi je vous assure que son livre est fort joli et que je me plais fort à le lire. Il me console de tous ceux que je sais qui ont dit du mal de ma mort. Il ne faut désespérer de rien. Je mourais comme un poltron dans la plupart des histoires, et après je ne sais combien de temps me voilà sans y penser devenu héros.

—Oui, mais je ne trouve pas mon compte comme vous à ce livre-là, répondit Caton.

—Oh! reprit Adrien, où l'un gagne il faut que l'autre y perde; c'est la loi commune. Les auteurs sont maîtres de leurs grâces, ils les distribuent à qui bon leur semble.

Sur cela Pluton redoubla son sérieux et défendit à Adrien de débiter des maximes si dangereuses; et pour régler ce qui était en contestation entre Caton et Adrien, il prononça de l'avis d'Eaque et de Rhadamanthe:

Qu'il n'était point permis de changer les caractères et de faire Adrien de Caton et Caton d'Adrien même sous prétexte de compensation ou pour remettre d'un côté ce qu'on ôterait de l'autre.

Après cet arrêt Caton criait qu'on laissait encore indécise la principale question, qui était le mépris de l'antiquité; qu'à moins que l'on y mît ordre, il n'y avait point de morts si vénérables qui pussent être à l'abri des plaisanteries; qu'il fallait fixer un temps dans lequel une belle action passerait pour être consacrée et ne serait plus sujette à la censure. Aussitôt Alexandre, Homère, Aristote,

Virgile, se mirent à demander la même chose que Caton. On remarquait alors que Lucien cherchait à se tirer tout doucement de la foule et à s'évader, mais Alexandre cria qu'on l'empêchât de sortir.

—Ce n'est pas sans raison, dit ce grand prince, que Lucien voudrait être loin d'ici. La question que l'on traite le regarde; il a appris à son copiste à ne respecter rien de tout ce que le monde respecte. Lucien attaque tout ce qu'il connaît de plus grand et de plus élevé; le copiste en fait autant. Quelquefois Lucien attaque un grand homme, le copiste un autre; mais quand par malheur on est du premier ordre entre les grands hommes il faut qu'on se trouve dans les dialogues de ces deux auteurs; c'est ce qui m'est arrivé. Lucien s'était déjà souvenu de moi dans ses plaisanteries,[86] mais son prétendu imitateur a jugé que ma vie pouvait encore fournir quelque chose et que j'étais assez illustre pour devoir tomber plus d'une fois entre les mains des faiseurs de dialogues. Encore Lucien m'a fait reprocher par mon père ce qu'il trouvait à redire dans mes actions, mais celui-ci me fait insulter par Phryné. On ne serait pas surpris que Phryné voulût apprendre à une jeune personne l'art de la coquetterie; mais qu'elle m'apprenne à moi l'art militaire? Phryné pouvait prétendre à régler le nombre des conquêtes d'une courtisane naissante et lui dire, "Ne recevez point tant d'amants à la fois, c'en est trop: il en arrivera quelque désordre." Mais Phryné règle le nombre de mes conquêtes et me dit: "Vous ne deviez point songer à la Perse ni aux Indes; il ne fallait que la Grèce, les îles voisines et par grâce je vous donne encore quelque petite partie de l'Asie Mineure." Enfin Phryné entend si bien la guerre qu'on croirait qu'elle y a été. N'en est-il rien, 'petite conquérante,' dit-il en se tournant vers elle. 'Petite conquérante,' répondez donc, où en aviez-vous donc tant appris?

Phryné répondit toute en colère,

---

[86] In Lucian's dialogue between Diogenes and Alexander the conqueror comes off badly. Similarly he is criticized by his father in that between Philip and Alexander. However he wins over Hannibal in the dialogue Alexander-Hannibal. It is interesting to note that Alexander was a favorite interlocutor in dialogues of the dead. He appears in no fewer than four of those by Fénelon where he is used to show the bad effects of pride and vanity. He also appears with Bossuet in the first of the dialogues of the dead by Vauvenargues.

—J'ai déjà dit je ne sais combien de fois que je ne voulais point qu'on m'appelât 'la petite conquérante.' Tous ces morts me viennent rire au nez en me donnant ce nom-là, mais je prétends bien qu'ils s'en corrigent, car l'auteur des *Nouveaux Dialogues* lui-même s'en est corrigé, et on m'a dit que dans sa seconde édition je ne suis plus 'une petite conquérante' mais 'une aimable conquérante.' Si l'on voulait encore me faire plus de plaisir, on m'appellerait 'jolie femme.' Je vois que toutes ces femmes de bien et qui avec cela n'ont pas laissé d'être agréables sont au désespoir de ce qu'on m'a honorée de cette qualité dans les dialogues. Elles prétendaient en être en possession, et il est vrai qu'on ne l'avait jamais donnée à une personne de mon métier; mais enfin je suis ravie que leur vanité ait été rabattue et que parmi toutes celles de mon espèce on ait fait choix de moi pour être la première que l'on nommât 'jolie femme.'

—Hé bien donc, reprit Alexandre, 'l'aimable conquérante,' 'la jolie femme,' ou tout ce qu'il vous plaira, dites-nous où vous aviez pris des raisonnements si profonds; car il paraît bien que vous êtes une bonne tête quand vous mettez les conquérants au-dessous des femmes, 'parce que les conquérants ont besoin d'armées pour leurs entreprises et que les femmes n'en ont pas besoin pour les leurs; que vous étiez seule, exécutant tout par vous-même dans vos plus grandes expéditions, et que je n'étais pas le seul qui agît dans les miennes.'

—Laissez-moi en repos, répondit Phryné. Je ne veux disputer avec vous que dans les *Nouveaux Dialogues* où l'on ne vous donne pas trop d'esprit; mais ici vous êtes un vrai sophiste. Je crois que c'est parce que vous êtes sous les yeux de votre précepteur Aristote.

Aussitôt Pluton prononça, *Que Phryné ne se mêlerait que de son métier.*

Et elle, en faisant une grande révérence, répondit,

—Très volontiers.

Aristote, dans le même moment cria qu'il en fallait ordonner autant à l'égard d'Anacréon.

—On m'a fait autant de tort qu'à mon disciple, disait-il. On lui a mis en tête une courtisane et à moi un vieux débauché, et c'est le vieux débauché qui me fait ma leçon sur la philosophie, comme c'est la courtisane qui la fait à Alexandre sur la guerre; car dans les *Nouveaux Dialogues* c'est une règle infaillible que vous trouverez touyours tout renversé. Du moment que vous voyez ensemble un sage et un fou, assurez-vous que le fou sera au-dessous du sage. Si l'auteur s'avise d'assortir ensemble Agamemnon et Thersite,[87] soyez sûr qu'Agamemnon n'en sortira pas à son honneur. Sur ce pied-là, vous ne devez pas être étonnés qu'on m'envoie à l'école d'Anacréon; qu'Anacréon me définisse la philosophie 'un art de chanter et de boire,' et change le lycée en cabaret. On a dû s'attendre à tout ce renversement dans un livre qui ouvre par la victoire que Phryné remporte sur Alexandre. Aussi je ne me plains pas principalement de ce qu'Anacréon a tout l'avantage; je me plains de ce que je ne sais pas du moins le lui disputer un peu; je me plains de ce que je suis un sot. Quoi! N'avoir pas un seul mot à lui répondre! Etre confondu par sa chansonnette! Où sont tous mes livres? Ne me fournissaient-ils rien dont je pusse me servir? Avais-je perdu la parole ou la mémoire? Toi-même, Anacréon, pour te redire un bon mot qui a été dit dans notre Grèce, n'as-tu point de honte de m'avoir vaincu?

—Point du tout, répondit Anacréon. Quand je lus le titre de notre dialogue je tremblai; je crus que tu m'allais faire des réprimandes dignes de ta gravité; mais je ne fus jamais plus content que quand je vis que c'était moi qui était le docteur du dialogue. J'ai donné commission à tous les chers disciples que j'ai dans l'autre monde de bien boire à la santé de l'auteur, de déclarer la guerre à tous les péripatéticiens, et de ne rien épargner pour faire recevoir mon nouveau système de philosophie dans l'université.

Comme Pluton vit qu'Anacréon ne faisait que badiner et qu'il ne disait rien de sérieux pour la défense du dialogue, il déclara:

Qu'un dialogue ne serait point composé d'Anacréon, qui parlerait tout seul; qu'Aristote serait obligé de lui répondre; et qu'une petite chanson ne serait point de même poids qu'une quantité de gros in-folio.

Virgile prit aussitôt la parole pour se plaindre de ce qu'on avait tourné en ridicule le commencement de ses *Géorgiques* où il faisait un compliment à Auguste.

—Vous faites le plaisant, dit-il à Arétin. Vous vous réjouissez sur cette fille de Thétis et sur ce scorpion. Cela aurait pu paraître

---

[87] While Agamemnon was the leader of the Greek expedition against Troy, Thersites, the ugliest man in the Greek army, behaved in such a way that his name has become a symbol of insolence and cowardice.

extraordinaire s'il eût été dans votre siècle, mais dans le mien c'était comme si j'eusse loué Auguste sur sa valeur et sur sa conduite.

—Fort bien, dit Arétin. L'auteur des *Dialogues* a dit que les belles sont de tous les pays, et moi je dis que les sottises sont de tous les siècles. Vous seriez bienheureux d'avoir été ancien pour avoir droit de dire des choses que nous autres modernes nous n'eussions osé dire.

—Mais Seigneur Arétin, reprit Virgile, vous avez bien oublié l'histoire romaine. N'avez-vous jamais ouï parler de ces apothéoses qu'on faisait pour les empereurs? César était devenu une étoile après sa mort; on pouvait prédire à Auguste une destinée aussi glorieuse. Présentement que la mode des apothéoses est passée, on parlerait une autre langue aux princes.

—Mais, répliqua Arétin, il n'y avait rien de plus ridicule que ces apothéoses. Vous pouviez louer Auguste d'une manière simple et naturelle sans lui prédire ces honneurs impertinents qu'il attendait après sa mort; mais parce que l'apothéose est beaucoup plus surprenante et moins raisonnable vous ne manquez pas de la choisir.

—Il n'importe, reprit Virgile, que l'apothéose fût raisonnable ou non; il suffit que c'était une coutume reçue chez les Romains.

—Ah! Vous faites tort aux Romains, dit Arétin. A peine le peuple le plus ignorant eût-il été la dupe de cette sottise-là.

—Je le veux bien, répliqua Virgile, mais répondez-moi juste. Les Romains avaient-ils moins de foi à ces apothéoses qu'à tout ce que l'on contait des Champs-Elysées?

—Non, répondit Arétin, je ne crois pas que les Champs-Elysées fussent mieux établis.

—Cependant, reprit Virgile, vous approuvez fort la manière dont je loue Caton en disant 'qu'il préside à l'assemblée des gens de bien qui dans les Champs-Elysées sont séparés d'avec les autres.' Si les Champs-Elysées, aussi bien que les apothéoses, ne passaient que pour des fadaises, la louange de Caton ne vaut pas mieux que celle d'Auguste.

—Oh!, dit aussitôt Arétin, la louange que vous donnez à Caton veut seulement dire que s'il y avait des Champs-Elysées on y séparerait les gens de bien d'avec les autres et qu'on mettrait Caton à la tête de cette compagnie.

—Hé bien, répondit Virgile, la louange que j'ai donnée à Auguste voulait dire que si les grands hommes étaient reçus après leur mort parmi les divinités on respecterait assez Auguste pour lui laisser choisir le rang et l'emploi qu'il lui plairait. L'une et l'autre louange est fondée sur une supposition, et l'une de ces suppositions n'est pas plus impossible que l'autre. En vérité, mon ami Arétin, voici un mauvais pas dont vous ne vous tirerez pas aisément. Croyez-moi, il faut de la mémoire pour mentir et du jugement pour plaisanter.

Caton, qui était fort aigri contre le nouvel auteur, se souvint que dans le même endroit dont il s'agissait entre Virgile et Arétin il y avait encore une contradiction, et se mit à déclamer tout de nouveau avec beaucoup de force.

—On approuve, disait-il, la louange que Virgile m'a donnée. Elle est donc juste et vraie dans les principes de l'auteur, qui demande tant de choses aux louanges. Je suis donc le plus honnête homme de tous les gens de bien. Je n'ai donc pas été un lâche qui n'ait osé ni vivre ni mourir de bonne grâce. Ne m'établira-t-on point de caractère? Ne dira-t-on point ce que l'on veut que je sois?

Diogène[88] interrompit Caton et dit avec un air railleur et piquant:

—Il faut bien défendre contre Caton ce pauvre auteur qui n'est pas ici. Il s'est contredit, il est vrai, mais il a fort bien fait. Il imitait Lucien, Lucien se contredisait. J'en puis parler mieux qu'un autre, car c'est en partie sur mon chapitre que Lucien s'est contredit. Dans un de ses *Dialogues* Cerbère dit à Ménippe qu'il a vu descendre Socrate aux enfers fort chagrin, regrettant sa famille et pleurant comme un enfant, et qu'il ne se souvient point que personne ait fait une belle entrée en ce lieu-là hormis ce Ménippe à qui il parle et moi. Dans un autre dialogue ce n'est plus de même; il n'y a que les sept sages, gens qui ne sont pas tout à fait irréprochables comme on sait, qui soient morts gaiment et qui fassent voir dans les enfers qu'ils sont contents de leur condition.[89] Me voilà

---

[88] Diogenes (400?-352? B. C.) held that happiness can be attained only by reducing needs to the minimum and by satisfying that irreducible remainder as cheaply as possible and without shame. Diogenes has the *beau rôle* in Lucian's *Dialogues* XIII and XVI.

[89] Lucian's *Dialogues* XXI and XX.

donc exclu du nombre des vrais philosophes, et d'ailleurs Cerbère en a plus vu qu'il ne dit. Il paraît assez que l'auteur des *Nouveaux Dialogues* a cru qu'il était de son devoir d'imiter cette contradiction, et il faut avouer qu'il l'a imitée fort heureusement. Caton aurait extrêmement tort de se plaindre de lui; je ne me plains seulement pas de Lucien qui n'a aucune excuse, lui qui s'est contredit sans avoir imité personne.

Lucien, qui véritablement n'avait rien à répondre, et qui de plus ne voulait point se commettre avec Diogène qu'il craignait, n'entreprit point de se défendre et de se justifier; et Pluton voyant son silence déclara:

Qu'il défendait à tous faiseurs de Dialogues des morts d'approuver jamais rien ni de dire du bien de personne de peur des contradictions.

Après cela Homère fit signe qu'on l'écoutât, et dit d'une manière assez tranquille qu'il avait laissé parler ceux qui étaient les plus pressés de faire leurs plaintes; que Virgile aurait pourtant bien dû avoir plus d'égard pour le Prince des Poètes et ne pas parler avant lui; que Lucien et son imitateur l'avaient assez maltraité mais l'imitateur encore plus que Lucien; que du moins quand Lucien avait voulu dire du mal d'Homère il l'avait fait dire par quelque autre que par Homère; mais que chez le nouvel auteur c'était lui qui disait du mal de lui-même et qui apprenait aux autres qu'il n'avait entendu finesse à rien, et qu'on lui faisait trop d'honneur d'y en entendre; qu'il aurait bien souhaité qu'on lui eût dit si l'auteur avait reçu de lui un pouvoir de le faire parler de la sorte; qu'autrement il désavouait tout et qu'il entreprenait de soutenir que ses ouvrages étaient pleins de mystères et d'allégories; que si l'on ne réprimait cette license des auteurs Achille avouerait bientôt qu'il mourait de peur dans le combat et Pénélope qu'elle avait favorisé tous ses galants dans l'absence d'Ulysse; qu'enfin il n'y avait point de mort qui pût s'assurer de n'être pas ressuscité quelque jour pour se décrier lui-même.

Les plaintes d'Homère parurent si justes, et de plus son autorité leur donnait tant de poids, que Pluton, sans écouter Esope qui voulait répondre, défendit:

Que l'on fît jamais parler personne contre soi-même, à moins que d'en avoir une procuration en bonne forme.

Mais Homère n'était point encore content. Il fit souvenir Pluton qu'il fallait venger l'antiquité des insultes que les deux auteurs des *Dialogues* lui avaient faites en cent endroits.

—Quoi, disait-il, Lucien n'a point respecté mon nom qui s'était déjà établi pendant plus de mille années? L'imitateur de Lucien, encore plus hardi que lui, ne respecte pas ce même nom qui a présentement une antiquité de plus de trois mille ans? Ce nombre infini d'hommes qui dans une si longue suite de siècles ont adoré mes ouvrages, c'étaient donc des fous? On condamne dans un moment et sans y faire trop de réflexion tant de jugements qui ont tous été conformes? La préoccupation peut beaucoup, dira-t-on. Quand les uns ont crié merveille tous les autres le crient aussi. Ceux qui seraient d'avis contraire n'osent se déclarer. Je n'ai qu'un mot à dire. Qu'on me fasse entendre comment j'ai pu avoir une si grande réputation sans la mériter, et je croirai en effet ne l'avoir pas méritée.

Homère fut secondé de je ne sais combien d'anciens qui étaient tous fort offensés du peu d'égards que l'on avait eus pour eux. Chacun représentait avec indignation le nombre d'années qui parlait pour lui et accablait les juges de la quantité des témoignages rendus en sa faveur. Enfin Pluton, ayant plus délibéré qu'à l'ordinaire sur l'arrêt qu'il allait rendre, ordonna:

Que les anciens seraient toujours vénérables; que Lucien, qui était un des premiers qui se fussent révoltés contre eux, [90] *et tous ceux qui suivraient son exemple, ne seraient jamais réputés anciens et seraient éternellement sujets à la critique comme de malheureux modernes.*

Ensuite on entendit un certain murmure dans la foule des morts qui avaient été auparavant dans un grand silence. Tout le monde prêta l'oreille. C'était le Duc d'Alençon qui disait à Elisabeth d'Angleterre:

—Quoi! Votre Majesté ne parlera point; mais je supplie Votre Majesté de me permettre de parler. Je n'agirai et je ne paraîtrai

---

[90] All the editions before that of 1724 have: "...contre eux, ne jouirait plus des privilèges de l'antiquité et serait toujours sujet à la critique, et que quiconque voudrait à son exemple réduire des anciens serait obligé de reconnaître publiquement qu'il trouverait bon qu'on le traitât de méchant, quand même il arriverait que ses ouvrages seraient généralement approuvés, et avouerait qu'il n'aurait pas réussi dans son entreprise pour avoir eu l'estime du public." All later editions have the present reading.

agir que par mon propre mouvement. Je demande cela en grâce à Votre Majesté; je ne puis souffrir que Votre Majesté ait été offensée en mon nom.

Tous les morts se mirent à rire en entendant répéter tant de fois 'Votre Majesté'; et de plus, ces titres-là ne sont guère usités dans la langue du pays. Mais le Duc d'Alençon entreprit fort sérieusement de se justifier et dit qu'il ne traitait la reine avec des respects si profonds et si peu ordinaires chez les morts qu'afin de réparer le peu de politesse qu'il avait pour elle dans les *Nouveaux Dialogues;* qu'il y allait de son honneur à ne pas laisser croire qu'il eût su si peu vivre; qu'il ne voulait point qu'on le prît pour un homme qui pût reprocher à des reines en propres termes 'qu'elles n'avaient plus leur virginité.'

—C'est sur cela, continua-t-il, que nous étions tout à l'heure en contestation, Elisabeth et moi. Je voulais demander raison pour elle de l'injure qu'on lui a faite; mais elle s'obstine à dire qu'une femme doit toujours éviter ces sortes d'éclaircissements et qu'il vaut bien mieux dissimuler l'outrage que d'en tirer réparation.

—Vous feriez bien mieux, interrompit brusquement le comte de Leicester,[91] de demander raison de l'injustice qu'on vous a faite à vous-même. On veut que vous disiez à Elisabeth 'que la virginité était la plus douteuse de toutes ses qualités;' et en même temps on veut que vous vous plaigniez de ce qu'elle ne vous épousa pas. Ce n'est pas trop poli pour un prince ni trop délicat pour un amant.

—Ah! s'écria une précieuse nouvellement morte, soupçonner Elisabeth de quelques actions indécentes! Cela se peut-il? Elisabeth ne trouvait rien de plus joli que de 'former des desseins, de faire des préparatifs et de n'exécuter point.' Elisabeth faisait peut-être quelques pas dans le Pays de Tendre,[92] mais assurément elle se gardait bien d'aller jusqu'au bout. Et n'est-ce pas à elle que nous devons cette maxime admirable? 'Ce qu'on obtient vaut toujours

---

[91] Robert Dudley, Earl of Leicester (1531?-1588) was a favorite of Queen Elizabeth I. His marriage to the widow of the Earl of Essex was revealed to the Queen by Simier, an emissary of the duke of Alençon, to whose marriage with Elizabeth Leicester was an obstacle.

[92] The Pays de Tendre: this is a reference to the famous map of the land of love (la Carte de Tendre) which appeared at the end of the first part of Mlle. de Scudéry's *Clélie* (1654).

moins qu'il ne valait quand on ne faisait que l'espérer; et les choses ne passent point de notre imagination à la réalité qu'il n'y ait de la perte.'

—Que vous êtes peu délicate! interrompit Smyndiride, qui ne vaut guère mieux qu'une précieuse. Vous croyez que l'imagination augmente les plaisirs; c'est tout le contraire. 'Hélas, que les hommes sont à plaindre! Leur condition naturelle leur fournit peu de choses agréables, et leur raison leur apprend à goûter encore moins.'

—Vous êtes fou, dit un gros Hollandais, si vous vous plaignez de la condition naturelle des hommes et du peu de choses agréables qu'elle leur fournit. Ce sont les plaisirs simples et communs qui sont les plus doux. Savez-vous combien Elisabeth fut flattée de cette expression à la hollandaise dont je me servis pour la louer! Je n'étais point un homme qui raffinât beaucoup sur les plaisirs; je ne savais sur cette matière-là que ce que tout le monde sait; cependant la Reine d'Angleterre fut contente de ma science et à mon départ j'eus un beau présent.

—Je crains bien, dit le Crotoniate Milon en s'adressant à la précieuse qui avait parlé, que ce gros garçon-là n'ait tiré la reine hors de ses plaisirs d'imagination. Il a bien la mine...

—Taisez-vous, dit Pluton, tout en colère. La tête me tourne. Je ne sais plus où j'en suis. Je ne sais plus de quoi il est question. Je n'entends rien à leur dispute sur les plaisirs. Je n'entends rien non plus au caractère d'Elisabeth. Elisabeth ne veut que des préparatifs et des espérances. Et puis voilà Elisabeth qui a des goûts plus solides avec le Hollandais. On reproche à cette personne qui ne veut jamais de réalité que sa virginité est fort douteuse, et puis malgré cela on voudrait l'avoir épousée. On dit que les plaisirs sont dans l'imagination; on dit qu'ils n'y sont pas; on dit qu'il faut raffiner et chimériser sur les plaisirs; on dit que les plus simples et les plus communs sont les meilleurs. Qui me tirera de tous ces embarras-là?

—Ce ne sera pas moi, répondit Eaque.

—Ni moi non plus, dit Rhadamanthe. Nous aurions bien moins de peine à juger nos criminels qu'à vider les différends de tous ces discoureurs que vous avez fait venir ici et qui ne conviennent jamais de rien ni les uns avec les autres ni avec eux-mêmes.

—Hé bien, reprit brusquement Pluton, puisque vous ne savez tous deux par où en prendre, j'ordonne:

Que le Duc d'Alençon, Elisabeth d'Angleterre, Smyndiride et le Hollandais ne se trouveront jamais dans un même livre.

A peine Pluton avait prononcé ces dernières paroles que Mercure entra dans l'assemblée. On voyait bien à son air qu'il apportait quelques nouvelles, et en effet sitôt qu'il fut arrivé il dit qu'il venait de dessus la terre et que les vivants lui avaient donné une commission dont il voulait s'acquitter. Cette commission était une lettre pour les morts dont ils l'avaient chargé et il la lut tout haut en ces termes :

Lettre des vivants aux morts

Très honorés morts,

Il court parmi nous des dialogues que l'on a mis sous votre nom parce qu'on y a traité des matières si importantes que des vivants n'eussent pas pu avoir ensemble de ces sortes d'entretiens, eux qui ne se disent que des choses inutiles. Nous avons examiné fort sérieusement de quoi nous étions capables et avec tout le respect que nous vous devons avons trouvé que dans nos conversations ordinaires nous en dirions bien autant que ce que l'on vous fait dire. Vos raisonnements ne nous ont pas paru si sublimes que nous désespérassions d'y pouvoir atteindre. Les femmes particulièrement croient qu'on peut être pleine de vie et de santé et avoir autant d'esprit que Didon et Stratonice, que Sapho et Laure, qu'Agnès Sorel et Roxelane. Elles se tiennent offensées de ce qu'on s'est cru obligé d'aller déterrer ces mortes pour ne leur faire tenir que les discours qu'elles tiennent. Ce n'est pas que ces discours paraissent inutiles aux femmes d'ici-haut ; au contraire, elles jugent que ce que dit Stratonice à Didon sur son intrigue avec Enée peut être d'une grande consolation pour celles qui auront fait parler d'elles un peu plus qu'il ne faudrait ; que les histoires d'Agnès Sorel et Roxelane son fort propres à persuader aux femmes qu'elles sont nées pour avoir un empire absolu sur leurs amants, et que Sapho et Laure leur apprennent parfaitement bien de quelle manière elles doivent exercer leur imagination sur les sujets qui leur conviennent ; mais enfin elles sont si convaincues de leur propre mérite qu'elles ne trouvent point tout cela au-dessus de leur portée. Nous vous prions donc, très honorés morts, de souffrir que nous ayons ici-haut des conversations aussi spirituelles et aussi utiles que les vôtres, en attendant que nous ayons l'honneur de vous aller entretenir nous-mêmes ; ce qui ne sera assurément que le plus tard que nous pourrons.

Mercure ayant lu cette lettre, la prière des vivants fut trouvée juste par tous les morts, et aussitôt Pluton déclara :

Qu'il ne serait point besoin d'être mort pour dire des choses aussi pleines de morale et de raisonnements que celles qui se disent dans les Nouveaux Dialogues.

Laure voulut pourtant s'opposer à cet arrêt. Elle représenta que si elle eût été vivante elle n'aurait jamais dit que quand on veut qu'un sexe résiste on veut qu'il résiste autant qu'il faut pour faire mieux goûter la victoire à celui qui la doit remporter, mais non pas assez pour la remporter lui-même, et qu'il doit n'être ni si faible qu'il se rende d'abord ni si fort qu'il ne se rende jamais ; qu'il y avait dans ce raisonnement un fond de logique et une certaine combinaison méditée dont une autre qu'une morte n'aurait pas été capable ; que si l'on voulait bien pénétrer dans la profondeur de cette pensée il semblerait qu'on aurait tenu les Etats du genre humain pour déterminer lequel des deux sexes aurait dû attaquer ou se défendre, et qu'après une mûre délibération de philosophes qui auraient examiné la question selon leurs règles, on aurait donné le parti d'attaquer aux hommes et celui de se défendre aux femmes ; que c'était là ce qui s'appelait traiter les matières solidement ; que cette solidité était d'autant plus admirable que les matières étaient galantes, et qu'enfin il était bien sûr que des femmes vivantes ne l'auraient jamais attrapée, elles qui ne font qu'effleurer les choses légèrement et y répandre des agréments fort superficiels.

Sitôt qu'elle eut cessé de parler Pétrarque se montra et dit que depuis les *Nouveaux Dialogues* Laure était gâtée ; qu'auparavant elle avait eu l'esprit raisonnable, mais qu'elle voulait présentement faire des dissertations sur tout ; que sa nouvelle folie était d'approfondir toujours les matières et de les traiter méthodiquement ; que quand il croyait lui dire quelque chose de galant et d'agréable il trouvait une raisonneuse qui se mettait à argumenter contre lui ; qu'il ne pouvait plus vivre avec elle ; que de plus il n'était point content qu'elle s'accoutumât avec Sapho, qui était une très dangereuse compagnie ; que véritablement Laure avait pris le bon parti en soutenant que c'était aux hommes à attaquer et aux femmes à se défendre ; mais qu'il craignait qu'à la longue elle ne perdît les bons sentiments où elle était encore et qu'il ne lui prît envie d'attaquer à l'exemple de Sapho.

Louis XII, Roi de France et le Duc de Suffolk se joignirent à Pétrarque et firent d'Anne de Bretagne et de Marie d'Angleterre les mêmes plaintes qu'il avait faites d'abord de Laure. Ces deux princesses avaient pris dans les *Nouveaux Dialogues* l'habitude de ne parler que par lieux communs et en propositions générales. Elles avaient ensemble de longues conversations où elles ne se répondaient l'une à l'autre que par des sentences, et il n'était presque plus possible de les tirer de leurs spéculations pour leur faire dire quelque chose qui fût de l'usage commun. Jamais Anne de Bretagne n'avait tant fait souffrir Louis XII pendant sa vie, quoiqu'elle eût quelquefois l'humeur assez aigre et assez difficile ; et le Duc de Suffolk avait encore été plus content de Marie d'Angleterre du temps qu'ils étaient mariés ensemble quoique l'inclination qu'elle avait pour la galanterie donnât toujours de justes appréhensions à un mari.

Pluton, pour remédier à ces désordres, défendit :

Que l'on fît les femmes si grandes raisonneuses de peur des conséquences.

Après cela on vit Hervé qui venait accuser Charles V devant Pluton sur ce que cet empereur refusait de répondre à une question d'anatomie qu'il lui faisait.

—Je lui demande, disait Hervé, un petit éclaircissement sur les veines lactées et sur les anastomoses et il ne me le veut pas donner. [93]

Aussitôt tous ces morts se mirent à dire,

—Il faut qu'Hervé soit fou. Faire des questions d'anatomie à Charles V ! Est-il chirurgien ?

—Hé quoi, leur répondit Hervé, ignorez-vous que Charles V parle à Erasme comme un docteur sur les fibres et sur la conformation du cerveau, en quoi il prétend que l'esprit consiste ? Il sait que l'anatomie la plus délicate ne saurait apercevoir cette différence d'organes qui fait la différence des génies ; et après cela il ne voudra pas répondre à mes questions ?

---

[93] The *veines lactées* are the lymphatics of the small intestine which, because of their white appearance during digestion, are called lacteals. Anastomosis is defined as "the intercommunication between two vessels or nerves; a word used in medicine chiefly of blood vessels and other tubes in anatomy for the communication between arteries and veins containing fluid." (*Encyclopaedia Britannica*, 1955)

—Qu'on me délivre de cet extravagant, dit Charles V tout en colère. Où a-t-il trouvé qu'un empereur dût savoir l'anatomie?

—Hé, qui ne le croirait, reprit Hervé, à vous entendre parler comme vous faites dans les *Nouveaux Dialogues*?

—Ce que je dis d'anatomie n'est rien du tout, répondit Charles V, ou du moins ce n'est rien que tout le monde ne sache.

—Mais, répliqua Hervé, vous les dites dans les termes de l'art et d'une manière qui sent tout à fait son physicien de profession; c'est là ce qui m'a mis en erreur.

—Hé bien, dit Charles V, est-il défendu à un grand prince de savoir quelques termes des sciences?

—Non, répondit Hervé, mais il lui est défendu de s'en servir. Il faut que dans les sciences un prince ne prenne que les choses et laisse les termes aux savants, et qu'il ne paraisse pas avoir appris ce qu'il sait, mais le deviner.

Pluton fut de l'avis d'Hervé et il ordonna:

Que Charles V ne parlerait plus si savamment de physique ou qu'il l'apprendrait tout de bon.

—Je sais bien, ajouta le Roi des Enfers, qu'il y a encore une certaine Bérénice qui est un peu grammairienne pour une reine. Elle parle 'd'une mort grammaticale des noms' et de l'embarras que ces noms donnent aux savants dès qu'il y a quelques lettres de changées. Je ne conçois pas trop bien où une femme et une princesse a pris cela. Il faut qu'elle ait bien étudié et que de plus elle n'en fasse pas trop de mystère; mais laissons-la en repos, il faut finir; elle sera comprise dans l'arrêt de Charles V. Passons à d'autres.

Hervé se présenta encore une fois et dit qu'il s'était plaint que Charles V qui était empereur raisonnait trop bien sur la physique et que présentement il se plaignait qu'Erasistrate, qui était médecin, ne raisonnait pas assez bien sur la médecine.

—J'ai découvert la circulation du sang, disait Hervé, et Erasistrate marque assez de mépris pour ma découverte. Mais pourquoi, à votre avis? C'est que sans savoir que le sang circulât il a guéri le Prince Antiochus de sa fièvre quarte par un moyen à la vérité fort ingénieux, mais qui ne deviendra jamais une règle de médecine. Car, je vous prie, établira-t-on que quand un médecin aura un malade à guérir de la fièvre il fera passer devant lui toutes les femmes de sa connaissance, lui tiendra le pouls pendant ce temps-là, remarquera celle dont la vue redoublera l'émotion de son pouls, et ensuite ira négocier pour faire obtenir à son malade cette femme dont il sera amoureux? Cependant Erasistrate tient que la connaissance de la circulation du sang n'est pas nécessaire parce qu'effectivement elle ne l'était pas dans la maladie d'Antiochus, et qu'il ne s'agissait que de savoir quel chagrin rongeait ce jeune prince. N'est-ce pas là une belle conséquence? Si c'est ainsi qu'il raisonnait du temps qu'il exerçait la médecine, oh, que vous êtes en grand nombre, morts, qu'il a envoyés en ces lieux!

La fin de cette harangue fut suivie d'un éclat de rire. Erasistrate voulut répondre mais Pluton, qui ne crut pas que sa réponse pût être bonne, ne lui en donna pas le loisir, et prononça brusquement:

Qu'Erasistrate, quoiqu'il eût guéri Antiochus, serait obligé à respecter la circulation du sang.

Il y avait quelques moments que Montaigne paraissait avoir envie de parler. Il s'avançait et puis se retirait; il ouvrait la bouche et la refermait tout d'un coup. Pluton, qui le remarqua, lui dit,

—Qu'avez-vous? Voulez-vous parler?

—J'en aurais bien envie, répondit-il, mais je cherche des termes pour m'expliquer honnêtement. On me fait 'accoucher' dans les *Nouveaux Dialogues*, mais on me fait accoucher avec tant de facilité que j'en ai honte. On n'a point du tout ménagé mon honneur. Souvenez-vous que Socrate, cette sage-femme avec qui l'on m'a mis, me veut prouver que les anciens ne valaient pas mieux que les hommes d'à présent. Il me dit d'abord, pour m'attraper, avec cet air que vous lui connaissez, que de son temps les choses allaient tellement de travers qu'elles auraient bien dû prendre à la fin un train plus raisonnable, et qu'il avait cru que les hommes profiteraient de l'expérience de tant d'années. Moi qui ne me souviens plus de ce que j'ai entrepris de soutenir, je lui réponds, 'Que les hommes ne font point d'expériences parce que dans tous les siècles ils ont les mêmes penchants sur lesquels la raison n'a aucun pouvoir; et qu'ainsi partout où il y a des hommes il y a des sottises et les mêmes sottises.' Sur cela Socrate, tout joyeux, me demande bien vite: 'Et sur ce pied-là comment voudriez-vous que les siècles de l'antiquité eussent mieux valu que le siècle d'aujourd'hui?' La vérité est, qu'après ce que j'ai dit, je n'ai rien à lui répondre; je suis surpris et j'accouche sottement. Je vous assure que si j'avais à recommencer je donnerais bien plus de peine à ma sage-femme; car moi qui prétends que les siècles aient dégénéré, puis-je dire aussitôt 'Que tous les hommes ont les mêmes sottises?' J'avoue que je me suis vanté dans mes *Essais* de n'avoir guère de mémoire, mais encore n'en pouvais-je manquer jusqu'à ce point-là. [94] Socrate triomphe, je le crois bien; un autre moins habile que lui aurait aussi triomphé en sa place. Ma défaite devait être un peu plus difficile, ne fût-ce que pour la gloire de Socrate.

—Ne prétendez point m'intéresser dans vos plaintes, dit ce philosophe moqueur, je suis très content de ce dialogue; il me fait plus d'honneur que tout ce qu'on a jamais dit à ma louange. Quand vous venez me trouver, plein d'une admiration pour mes anciens que vous ne m'avez pas encore marquée, je vous demande des nouvelles du monde. Vous me répondez qu'il est fort changé et que je ne le reconnaîtrais pas. Moi qui ai lu dans votre âme et qui veux vous surprendre par une opinion toute contraire à la vôtre que j'ai devinée, je vous dis: 'Que je suis ravi de ce que vous m'apprenez, que je m'étais toujours bien douté que le monde deviendrait meilleur et plus sage qu'il ne l'était de mon temps;' car puisque ce n'est pas là mon sentiment, je ne puis avoir d'autre dessein que de vous étonner en me jetant dans l'extrémité opposée à celle où vous étiez, et de commencer déjà à combattre votre pensée. Mais n'est-ce pas être bien habile que de la savoir avant que vous me l'ayez dite? Dans les dialogues où Platon me fait parler je ne réfute aucunes opinions que je ne les ai fait répéter je ne sais combien de fois, et en je ne sais combien de manières à ceux qui les soutiennent; mais dans ces *Nouveaux Dialogues*-ci j'ai bien plus d'esprit: je devine ce que j'ai à réfuter.

—Roi des Enfers, dit Montaigne à Pluton, vous entendez bien le langage de Socrate, c'est ainsi qu'il fait la critique de notre auteur.

—Point du tout, reprit Socrate toujours sur le même ton, je ne fais point de critique. L'auteur m'a fait prophète il est vrai; mais assurément c'est à cause de ce démon familier que j'avais. [95]

Pluton, qui prit la chose sérieusement, ordonna:

---

[94] See *Essais* I, 36 (ed. of the Pléiade p. 210).

[95] Socrates claimed to be inspired by a voice which he called his "demon" and which suggested to him the principles of his philosophy and determined his conduct.

Que Socrate ne se servirait dans les disputes de son démon familier pour deviner les pensées des autres, et que Montaigne n'accoucherait pas si facilement.

Il y avait encore quelques morts qui se préparaient à parler lorsque Charon [96] entra dans l'assemblée d'un air qui fit bien juger qu'il apportait quelque nouvelle importante.

—Ce n'est pas fait, dit-il, d'un ton à faire trembler tout le monde, nous ne sommes pas encore quittes des *Dialogues des morts*. En voici une seconde partie que j'ai surprise à un mort que je passais dans ma barque et qui s'en était chargé.

Aussitôt ce fut un bruit incroyable dans l'assemblée. Tous les morts se jetèrent sur Charon, lui arrachèrent le livre, et sortirent aussitôt pour l'aller lire tous ensemble, sans songer qu'ils manquaient de respect pour Pluton qu'ils laissaient là seul sur son trône.

Seconde Partie

Il s'amassa encore une infinité d'autres morts qui accouraient en foule au nom de cette seconde partie; chacun voulait savoir s'il n'y était point intéressé. La difficulté fut de trouver quelqu'un qui pût la lire à une assemblée si nombreuse, car il fallait satisfaire l'impatience de tout le monde à la fois. A la fin Stentor [97] fut choisi pour lecteur; ce Stentor qui avait la voix si bonne qu'il se faisait entendre de toute une armée. D'abord quand il nomma Herostrate et Démétrios de Phalère on remarqua la joie de Démétrios, qui s'attendait bien à être loué sur l'art qu'il avait eu d'accorder ensemble la politique et la philosophie et sur ce qu'il avait été également propre aux spéculations du cabinet et aux soins du gouvernement. Au contraire l'infâme Herostrate baissa la tête et tâcha de se cacher dans la foule parce qu'il ne douta point qu'on ne lui fît son procès sur l'embrasement du temple d'Ephèse avec toute la rigueur qu'il méritait; mais il reprit un peu de courage dans le commencement du dialogue où il vit que les choses ne tournaient point si mal pour lui. Ensuite il fut surpris de s'entendre raisonner si subtilement que

---

[96] Charon transported the souls of the dead across the River Styx. He appears in Lucian's *Dialogues*.

[97] According to Homer (*Iliad* V, 785-786) Stentor could shout as loudly as fifty men.

Démétrios ne savait que lui répondre, et lui-même il ne savait qu'en croire. A la fin il fut ravi d'étonnement et de joie quand il reconnut certainement qu'il était le héros du dialogue, que l'action qu'il croyait qu'on lui dût reprocher y était couronnée et que Démétrios était confondu.

Le pauvre Démétrios ne pouvait aussi revenir de son étonnement. Il avait tant de honte de voir ses espérances trompées et il se trouvait si peu d'esprit dans ce dialogue en comparaison d'Herostrate qu'il ne put ni n'osa dire une parole. Les morts riaient en eux-mêmes du trouble et de l'embarras où il était ; car comme il n'y en avait pas un seul qui ne craignît autant pour son compte, ils ne voulaient pas rire ouvertement.

Au second dialogue ils jetèrent tous les yeux sur Pauline, qui parut assez interdite. On la pria malicieusement de vouloir bien nommer les sages à qui elle avait ouï dire 'Qu'une femme devait aider elle-même à se tromper pour goûter quelques plaisirs ; qu'il ne fallait point qu'elle examinât trop la divinité d'un amant qui, dans le dessein de la surprendre, se voulait faire passer pour un dieu.' La plupart des mortes disaient qu'elles auraient été volontiers à l'école de ces sages-là si elles les eussent connus ; et que les femmes n'auraient plus tant d'aversion pour la philosophie si elle donnait de pareilles leçons.

Pauline commença à répondre d'un air embarrassé que les amants fidèles n'étaient pas en plus grand nombre que les dieux amants, et que cependant on ne trouvait pas mauvais que des femmes crussent qu'on aurait pour elles une constance éternelle, et elle prétendit qu'aller se jeter entre les bras de son faux Anubis c'était la même chose que si elle eût été assez dupe pour compter sur la fidélité d'un amant.

Toutes les mortes généralement se récrièrent là-dessus. Il y en avait entre elles une infinité qui s'étaient flattées qu'on les dût aimer fidèlement et qui n'eussent pourtant pas fait la sottise d'aller trouver Anubis dans son temple. Pauline, qui était malheureusement engagée à soutenir que les amants fidèles étaient extrêmement rares, s'embarrassa dans une définition de la fidélité dont elle eut bien de la peine à sortir. Elle ne faisait aucun cas des soins, des empressements, des sacrifices, de la préférence entière qu'on donne à sa maîtresse sur toutes choses. Tout cela, dont bien des femmes se contenteraient, n'était rien ; il fallait, pour être fidèle, tenir bon contre le temps et contre les faveurs; mais toute l'assemblée convint que Pauline devait être réduite à une étrange extrémité pour avoir recours à une définition si chimérique; et on lui demanda grâce pour les pauvres humains, qui ne pouvaient atteindre à la perfection qu'elle exigeait d'eux, et qui aurait encore assez de peine à s'acquitter de ce qu'elle ne comptait presque pour rien.

Je crois [98] que les femmes vivantes seraient de même avis que les mortes. Il n'est point besoin que par des idées rigoureuses de fidélité on mette les amants en droit de ne songer point du tout à être fidèles; et tout ce que dit Pauline sur cette matière-là est de ces choses qui ne peuvent être reçues ni en ce monde ni en l'autre.

Pour Calirrhée, quoiqu'elle fût dans le même cas que Pauline, on ne la traitait pas avec la même rigueur. C'était une bonne innocente qui avouait la chose comme elle s'était passée, qui n'entendait finesse à rien, et qui ne cherchait point à se défendre par des raisonnements sophistiques. On est ordinairement disposé plus favorablement pour ces sortes de gens-là que pour de faux beaux-esprits. Elisabeth d'Angleterre fut la seule qui voulût attaquer Calirrhée. Cette reine, fort contente d'avoir dit 'Que les plaisirs étaient des terres marécageuses sur lesquelles il fallait courir fort légèrement sans y arrêter le pied' reprocha fièrement à Calirrhée que c'était être bien hardie que d'oser dire après cela 'Que les choses du monde les plus agréables sont dans le fond si minces qu'elles ne toucheraient plus guère si l'on y faisait une réflexion un peu sérieuse; que les plaisirs n'étaient pas faits pour être examinés à la rigueur, et qu'on était tous les jours réduit à leur passer bien des choses sur lesquelles il ne serait pas à propos de se rendre dificile.' Calirrhée, qui était simple et timide, n'osa répondre à Elisabeth, et peut-être qu'une autre qu'elle eût été bien embarrassée à se justifier.

Candaule parut à cette grande assemblée de morts le meilleur mort du monde. Il n'a aucun ressentiment contre Gigès qui lui a ôté sa femme qu'il aimait si tendrement et la vie qu'il n'avait pas sujet de haïr; il tâche seulement à deviner pourquoi Gigès l'a tué. Pourvu qu'il puisse prouver qu'il n'a pas tant de tort d'avoir voulu faire voir sa femme dans le bain à ce perfide favori, il est content. Il se console en s'imaginant que c'est une nécessité indispensable que de faire parade de son bonheur, et en supposant qu'un empereur

---

[98] F. here speaks *in propria persona*.

fut fort fâché parce qu'un roi captif cria 'Sottise, sottise.' D'un autre côté on trouva Gigès bien cruel de détruire tous les raisonnements que fait ce bon roi et de ne lui vouloir seulement pas laisser des pensées qui le flattent un peu; mais on fut encore bien plus irrité contre Gigès quand on lui entendit dire: 'Que la nature a si bien établi le commerce de l'amour qu'elle n'a pas laissé beaucoup de choses à faire au mérite; qu'il n'y a point de coeur à qui elle n'ait destiné quelque autre coeur, et que le choix d'une femme aimable ne prouve rien ou presque rien en faveur de celui sur qui il tombe.'

—Quoi, disaient les morts qui avaient été galants pendant leur vie, Gigès a-t-il entrepris de décrier l'amour et d'en dégoûter tout le monde? Pourquoi ne veut-il point que les amants sentent le plaisir d'être distingués? Trouverait-on quelque chose de si doux à être aimé si on croyait ne l'être que par une certaine nécessité de la nature, qui a voulu qu'on aimât? On ne pourrait donc point se flatter de rien devoir à ses soins, à sa fidélité, à son propre mérite? Et que devient l'amour? Quand l'idée que Gigès en donne serait solide, elle serait du moins trop dure. On n'a point besoin de vérités désagréables.

—'Ah! s'écria Elisabeth d'Angleterre, si l'on ôtait les chimères aux hommes quel plaisir leur resterait-il?' Qu'ai-je fait à Gigès pour l'obliger à pratiquer le contraire de mes maximes? Est-ce pour me contredire qu'il veut désabuser les hommes des plus agréables chimères de l'amour? Tout à l'heure Pauline nous donnait une idée si sublime de la fidélité que personne n'y eût pu parvenir; et voici présentement Gigès qui nous donne une idée de l'amour si méprisable que je ne sais si personne voudrait s'abaisser jusqu'à être amoureux.

Quelle fut la surprise d'Homère lorsqu'il se vit intéressé dans le dialogue d'Hélène et de Fulvie! Ce prince des poètes se plaignit fortement de ce qu'on l'attaquait encore une fois.

—Que veut donc dire cette étrange licence? disait-il tout en colère. Toujours des plaisanteries sur moi? Suis-je le seul aux dépens de qui on puisse divertir le public? Se fait-on présentement un honneur de m'insulter? Faut-il dire du mal de moi pour être bel esprit? A-t-on mis la réputation à ce prix-là? Mais encore, quel est l'endroit que l'on attaque? C'est peut-être l'endroit le plus judicieux de mes deux poèmes. On tient un conseil devant le palais de Priam au retour d'un combat qui a été fort long et fort opiniâtre. Les avis se partagent, on commence à s'échauffer de part et d'autre; mais comme il n'est pas temps alors de s'amuser à contester, et que des gens qui reviennent de la bataille tout fatigués ne s'accommoderaient pas d'un conseil qui durerait trop longtemps, Priam remet les délibérations à un autre jour et ordonne, non pas que l'on aille souper, mais que l'on se retire chez soi, qu'on prenne le repos dont on a besoin, et qu'on répare ses forces; car ce sont deux choses différentes que d'ordonner qu'on aille souper ou que l'on aille réparer ses forces et prendre du repos. L'auteur qui a affecté la première expression n'eut pas voulu employer la seconde.[99] Les termes ne sont pas indifférents à ces messieurs qui veulent plaisanter; et souvent qui leur en changerait un seul ferait un grand tort aux traits les plus spirituels de leurs ouvrages. Mais ne faut-il que pouvoir attraper un mot qui sera devenu bas par l'usage populaire pour être en droit de badiner sur la divine *Iliade*? La réputation d'Homère ne saurait-elle le garantir de ces sortes d'insultes?

Il n'en dit pas davantage. Tous les morts se mirent de son parti, et Fulvie fut obligée à désavouer ce qu'on lui faisait dire.

Quand Stentor prononça les noms de Parménisque et de Théocrite de Chio tous les morts se regardèrent l'un l'autre. Ces noms leur étaient inconnus, et ils jetaient les yeux de tous côtés pour voir si Théocrite de Chio et Parménisque ne se montraient point. Comme on ne les voyait point paraître, Stentor cria encore plusieurs fois "Parménisque et Théocrite de Chio" et fit retentir tous les échos de l'enfer. Ala fin on les vit accourir tous deux hors d'haleine. Ils ne s'étaient point attendus à avoir part dans les *Nouveaux Dialogues* et avaient négligé de se trouver à l'assemblée. Dès que Théocrite entendit son histoire, il s'écria:

—Ah! fallait-il que cet auteur me tirât de l'obscurité où j'étais pour faire revivre une détestable pointe que j'espérais que l'on aurait oubliée? Quel plaisir prend-on à rouvrir mes plaies, à me faire souvenir et à faire souvenir les autres que j'ai été un mauvais plaisant et qu'il m'en a coûte la vie? Etait-il besoin qu'il eût recours à moi pour orner son livre d'une froide plaisanterie? Il en eût si bien trouvé quelqu'une de lui même s'il eût voulu.

---

[99] In fact the Greek has δόρπον "the evening meal." Robert Flacelière in the Pléiade Homer translates "Prenez votre repas." (*Iliad* VII, 354-393).

Parménisque parut si sublime et si élevé sur la fin de son dialogue qu'on lui demanda s'il avait appris dans l'antre de Trophonius à parler ainsi, et si les oracles qui s'y rendaient étaient de ce style. Il avoua de bonne foi qu'il n'entendait point ce que l'on lui faisait dire, et pria Stentor de le répéter. Stentor le répéta et Parménisque y trouvant encore plus d'obscurité que la première fois, demanda du temps pour y penser.

—Apparemment, dit-il, l'intention de l'auteur n'a pas été que l'on m'entendît, car il vend l'intelligence de mes paroles bien cher. Vous voulez m'entendre, morts, prenez-y garde. L'auteur s'en vengera par la peine que vous aurez à déchiffrer mes sentences énigmatiques.

On lui demanda pourquoi cette obscurité aurait été affectée par l'auteur. Et Parménisque répondit:

—Il a mis les morts dans ses dialogues pour y parler; et parler, c'est ne savoir ce qu'on dit la plupart du temps. Quand nous découvrons le peu de solidité de ce qu'il nous débite et de ce qui nous éblouit quelquefois, nous arrachons à l'auteur son secret. On devient sage et on ne l'admire plus; on pense et on n'est plus sa dupe; voilà ce que l'auteur ne trouve pas bon. Pour moi, dussai-je me mettre mal avec lui, je m'en vais travailler à pénétrer dans ses pensées. Je sais bien que cette étude pourra me rendre plus chagrin et plus sombre que ne fut l'antre de Trophonius, mais il n'importe. Je vous prie seulement, morts, que si quelqu'un d'entre vous entend plutôt que moi cette belle phrase: 'Il y a une raison qui nous met au-dessus de tout par les pensées; il y en a une autre qui nous ramène ensuite à tout par les actions' il ait la bonté de m'en avertir, afin que j'y perde moins de temps.

Là-dessus il y eut un mort malicieux qui dit à Parménisque:

—Je ne vous en quitte pas pour l'éclaircissement de cette phrase-là; il y en a encore une à laquelle je vous prie de vouloir bien travailler. On l'a mise dans votre bouche. C'est celle-ci: 'Quand on est de mauvaise humeur on trouve que les hommes ne valent pas la peine qu'on en rie. Ils sont faits pour être ridicules et ils le sont; cela n'est pas étonnant; mais une déesse qui se met à l'être l'est bien davantage.' J'aurais bien envie de savoir, continua-t-il, pourquoi cette pauvre déesse était si ridicule. Elle était de bois et mal faite. Est-ce là tant de quoi rire? Il fallait que vous ne fussiez pas si mélancolique. Je ne plains point les gens chagrins à qui une

Latone de bois suffira pour rendre leur belle humeur. Mais d'où vient que vous ne pouviez rire de tant de sottises des hommes? C'est qu'ils sont faits pour être ridicules et il n'est pas étonnant qu'ils le soient. Et est-il essentiel à la déesse Latone que ses statues soient de marbre et d'un travail excellent? Quand un mauvais ouvrier fait une Latone peut-on dire pour cela que Latone fait quelque chose contre la nature d'une divinité et qu'elle se met à être ridicule?

Parménisque promit qu'il songerait à cette difficulté aussi bien qu'aux autres et prit congé de l'assemblée.

Peu de temps après il y eut une grosse querelle entre l'Impératrice Faustine et la Sultane Roxelane. Celle-ci trouvait fort mauvais que Faustine entreprît de soutenir: 'Que les hommes exercent leur domination sur les femmes, même en amour; que quoique l'empire dût être également partagé entre l'amant et la maîtresse il passait toujours de l'un ou de l'autre côté, et presque toujours du côté de l'amant.'

—Je vois bien, disait Roxelane irritée, qu'on ne se souvient plus ni de mon histoire ni de la hardiesse avec laquelle j'ai promis 'de gouverner toujours à ma fantaisie l'homme du monde le plus impérieux pourvu que j'eusse beaucoup d'esprit, assez de beauté, et peu d'amour.' J'avais établi la gloire de toutes les femmes, et Faustine la vient détruire. Et qui croirait que Faustine dût mettre si haut le pouvoir des hommes, elle qui a toujours fait de son mari tout ce qu'elle a voulu, elle qui a eu tant de pouvoir sur lui qu'elle en avait honte, elle qui est si impérieuse que présentement même 'elle voudrait qu'il ne fût point de maris?' Est-ce à elle de se plaindre que les hommes usurpent la domination sur les femmes?

Faustine ne demeura point sans réplique. Elle se mit à déclamer contre les hommes avec tant d'emportement que les femmes elles-mêmes la désavouèrent et que Marc-Aurèle tacha de s'enfuir de l'assemblée. Roxelane la traita comme une folle si reconnue pour ce qu'elle était que dans le dialogue où elle parle on la faisait convenir de la nécessité qu'il y a que les femmes soient gouvernées, et se plaindre en même temps de ce qu'elles le sont; vrais discours d'une tête bien mal réglée. La dispute s'échauffa entre ces deux femmes comme il devait arriver naturellement, et à la fin ce fut une confusion étrange entre toutes les mortes. Les unes se plaignaient d'avoir été tyrannisées par les hommes; les autres se louèrent de la facilité avec laquelle leurs amants s'étaient laissés conduire par elles. Si l'auteur des dialogues eût été là il se fût trouvé bien embarrassé. Il eût fallu qu'il eût tâché d'accorder Faustine et Roxelane dont il avait excité la querelle, et cela n'eût pas été trop aisé, ou il eût été réduit à décider en faveur de l'une des deux et c'eût été décider contre lui-même. Une si grande affaire ne se fût pas terminée sans beaucoup de peine si on eût voulu la terminer par un jugement régulier. Mais les morts, ennuyés de cette dispute qui prenait le train de ne point finir, chassèrent hors de l'assemblée Roxelane et Faustine et les envoyèrent vider ailleurs leurs différends.

Stentor, voulant continuer sa lecture, nomma Sénèque et Scarron,[100] et aussitôt Sénèque se montrant à tous ces morts:

—Je n'ai point besoin, leur dit-il, d'entendre lire ce dialogue pour savoir ce qu'il contient. Puisque moi, qui suis un philosophe très sérieux, et si j'ose le dire, assez considérable dans l'antiquité, on me met avec un poète badin, cela veut dire que le poète l'emporte bien par-dessus moi. Je vous déclare que je me tiens dès à présent pour vaincu; je cède tout l'avantage à Scarron; je ne suis pas assez téméraire pour le lui disputer.

A ces mots il se retira; mais Scarron avec son air gai dit qu'il n'avait garde d'en faire autant, qu'il avait trop d'envie de voir comment on l'allait ériger en philosophe, et qu'il ne le pouvait absolument deviner. Il se mit donc à écouter fort attentivement, mais quand il entendit qu'on mettait bien haut la constance avec laquelle il avait soutenu le manque de fortune, les maladies, et que c'était par là qu'il l'emportait sur Sénèque, sur Chrysippe, sur Zénon et sur tous les Stoïciens:

—Ah! Par le Styx, s'écria-t-il, cet auteur des dialogues est un brave homme; il sait bien trouver le mérite des gens. Je ne connaissais point encore celui qu'il me donne; je n'avais pas fait réflexion que j'avais reçu tous mes malheurs avec beaucoup de philosophie.[101]

---

[100] The editions before 1724 have *Marot* wherever *Scarron* occurs in later texts.

[101] All editions before 1724 include the following passage: "'Je suis aussi surpris que vous de votre nouveau caractère,' répondit un mort de la cour de François 1er. 'On n'eut pas prévu que vous deviez tirer tant de gloire d'un exil et d'un empoisonnement que vous aviez bien mérités par votre conduite

—Mais quoi, dit fort sérieusement Lucilius [102] le grand ami de Sénèque et son disciple, d'où vient que cet auteur se déclare toujours contre la raison? Quelle inimitié y a-t-il entre la raison et lui? 'On ne doit point,' à ce qu'il prétend, 'compter sur elle, on ne s'y doit point fier, elle ne mérite point d'estime.' Et qu'est-ce donc qui en mérite? A quoi se fiera-t-on? Sur quoi comptera-t-on? La raison seule ne produit-elle pas toutes les vertus? Car elles ne cessent de l'être dès qu'elles ne sont que des effets du tempérament. Le mot même de vertu enferme l'idée d'un effort que l'on fait pour s'attacher à ce qui est honnête. On peut naturellement se porter vers les objets de vertu, mais il faut s'y porter avec effort pour être vertueux. Depuis quand n'estime-t-on plus les bonnes qualités qui sont acquises à force de soins? Socrate est donc déshonoré pour avoir vaincu les mauvaises inclinations qu'il avait reçues de la nature et pour n'avoir dû sa sagesse qu'à lui-même?

Comme Stentor vit que Lucilius s'embarquait dans un discours un peu sérieux il l'interrompit assez promptement pour lire le dialogue d'Artemise et de Raimond Lulle. Ce dialogue fit beaucoup de plaisir à une infinité de mortes qui avaient été fort coquettes et qui ne savaient pas qu'Artemise fût des leurs. Elles furent charmées 'de la comparaison du grand oeuvre et de la fidélité conjugale;' mais elles ne laissèrent pas de tomber d'accord qu'elle était outrée et qu'il n'y avait aucune raison de soutenir que ces deux choses fussent également impossibles.

—Franchement, dit l'une d'entre elles, si la fidélité conjugale n'est pas aussi impossible que le grand oeuvre, elle a ses difficultés qui sont presque insurmontables avec de certains maris de méchante humeur, bourrus et impérieux. Pour moi, j'avoue que je ne me serais pas exposée à toutes les aventures qui ont fait parler de moi

---

et par un certain libertinage que...' 'Ne parlons point de cela,' interrompit brusquement Marot. 'Ne faisons point souvenir les gens de ce qu'ils ont oublié, car apparemment puisque on fait de moi un héros de philosophie, on ne sait plus mon histoire. Voilà comme les jugements de la postérité ne sont pas si redoutables qu'on pense. La postérité est bonne et bien intentionnée, et elle ne cherche qu'à dire du bien des gens. Morts qui m'avez ressemblé, consolez-vous. Un temps viendra qu'on fera des dialogues où vous triompherez.'" All later editions omit this paragraph.

[102] Gaius Lucilius Junior (died A. D. 63?) rose in the Roman administrative hierarchy to become procurator of Sicily. He was a close friend of Seneca, who esteemed him highly.

si le mien eût mérité, en continuant d'être mon amant, que j'eusse pris soin de les éviter. Les maris sont des gens insupportables. Ils ne se contentent pas de n'avoir chez eux ni complaisance ni galanterie; ils courent partout celles dont ils espèrent se faire écouter; et voilà comment ils gâtent les femmes qui sont portées naturellement à la sagesse et qui enragent d'être forcées à se consoler de leur perfidie en suivant le mauvais exemple qu'ils leur donnent.

Toutes les mortes du caractère de celle qui débitait ce raisonnement commencèrent à lui applaudir, et trouvèrent admirable l'excuse qu'elle donnait au dérèglement qui avait paru dans leur conduite.

On ne fut point surpris de voir dans le dialogue d'Apicius et de Galilée que les sens l'emportassent sur la raison. Dans les principes de l'auteur cela ne pouvait manquer; mais on fut étonné que Galilée eût tant d'esprit et qu'on lui fît dire la plupart des bonnes choses qui sont dans ce dialogue. Galilée était un excellent mathématicien; il avait un génie rare pour la philosophie. C'est lui qui a, pour ainsi dire, donné entrée aux autres dans le ciel par ses lunettes et par l'usage qu'il en a fait le premier. Apicius au contraire n'avait jamais fait d'autre étude que celle des bons morceaux. Il était entièrement enseveli dans les plaisirs grossiers de la table et par conséquent, disait-on, selon les règles que l'auteur paraît avoir établies, c'était Apicius qui devait briller dans le dialogue, et le partage de Galilée était de n'avoir pas le sens commun; car Galilée ne vaut pas mieux qu'Aristote, Apicius ne vaut guère moins qu'Anacréon, et on a vu qu'Anacréon avait bien plus d'esprit qu'Aristote.

Tous les morts redoublèrent leur attention quand ils entendirent Marguerite d'Ecosse débiter tout le système de Platon sur le Beau. Quelques-uns lui demandèrent où elle en avait tant appris, et cette princesse, sans s'embarrasser trop, leur répondit que ce n'était pas assurément dans les livres, et qu'il fallait qu'elle eût pris toute cette science sur les lèvres de ce savant qu'elle avait baisé; tant il y a toujours à profiter, disait-elle, avec les habiles gens. Mais Platon traita l'affaire plus sérieusement; il protesta contre tout ce qu'on lui faisait dire; il se plaignit qu'on eût renversé son caractère pour lui mettre dans la bouche tout ce qui était le plus opposé à ses sentiments.

—Marguerite d'Ecosse parle en platonicienne, disait-il, et Platon parle comme aurait dû faire Marguerite d'Ecosse. Je ne suis plus dans ce dialogue-là le divin Platon, ou du moins je me suis bien humanisé.

Là-dessus Arquéanasse de Colophon, qui était irritée contre lui à cause des vers qu'il avait faits sur elle et qui était encore de plus mauvaise humeur parce qu'elle voyait qu'au bout de deux mille ans on se souvenait qu'elle avait été vieille, soutint à Platon qu'il n'avait point été si sage qu'il le voulait faire croire; qu'on ne lui avait point fait de tort en le faisant parler sur l'amour d'une manière assez libre; qu'il en avait lui-même donné le droit à l'auteur des dialogues en laissant à la postérité de méchants petits vers fort indignes d'un philosophe de sa réputation, et qu'elle était ravie qu'il en fût puni comme il était.

Platon répondit qu'il était fort surprenant qu'on aimât mieux juger de lui par deux petites épigrammes qu'il avait peut-être faites en l'air que par tant d'ouvrages de philosophie si sérieux et si solides; que sur ces deux petites épigrammes on le crût galant, et qu'on ne le voulût pas croire philosophe sur tous ses ouvrages de philosophie. Il se trouva un mort qui pour le consoler lui dit qu'on ne le faisait point trop sortir de son caractère; que comme sa manière de s'expliquer était sublime et quelquefois fort enveloppée, on lui avait assez bien fait parler cette langue-là; et que pour l'embarras de la pensée et du tour, il devait être assez content d'un certain endroit où il prétendait démêler comment l'esprit ne fait point de passions mais seulement met le corps en état d'en faire.

On trouva bien encore un autre sublime dans le dialogue de Straton et de Raphaël d'Urbin. Straton, qui croyait que son nom fût oublié depuis longtemps, fut ravi de s'entendre nommer. Il se dressa sur ses pieds et se prépara à écouter fort attentivement, tout joyeux de ce qu'on l'avait choisi pour être un personnage; mais sa joie fut bien rabattue quand il ne put rien comprendre à tout ce qu'on lui faisait dire. Il avoua qu'il ne savait ce que c'était que les préjugés, et il crut que ce devait être quelque invention nouvelle parce que de son temps on n'en parlait point.

Raphaël d'Urbin, grâce à une application prodigieuse, entendit un peu de quoi il était question; mais il ne laissa pas d'être surpris qu'on ne lui eût pas fait dire un mot de son métier, et qu'on l'eût jeté dans une métaphysique fort abstraite. On demanda s'il n'avait pas été assez grand homme pour pouvoir parler de toute autre chose que de peinture et de sculpture, que du moins c'était là l'idée qu'on avait eue de lui; mais il répondit naïvement que ce qu'il avait le mieux su, c'étaient ces deux arts et qu'il se tirerait encore plus aisément de cette matière-là que des préjugés.

—Je crois même, ajouta-t-il, que parce qu'on sait que je ne dois pas être fort habile sur les préjugés, on a pris la liberté de me faire dire sur cela quelque chose qui n'est pas trop juste. Straton me dit 'Qu'il faut conserver les préjugés de la coutume pour agir comme un autre homme et se défaire de ceux de l'esprit pour penser en homme sage;' et je réponds brusquement, 'Qu'il vaut mieux les conserver tous.' Je n'entends pas bien ma réponse. Ai-je voulu dire que le meilleur parti était de conserver tous les préjugés tant ceux de l'esprit que ceux de la coutume? Mais il est toujours bon de bannir ceux de l'esprit puisqu'ils font obstacle à la découverte de toutes les vérités. Ai-je voulu dire qu'il valait mieux ne se pas défaire des préjugés de l'esprit que de s'en défaire, et de conserver en même temps ceux de la coutume? Mais un sage serait extravagant s'il fallait qu'il se défît des préjugés de la coutume et qu'il ne fût pas fait au dehors comme les autres. Qu'on me dise donc ce que j'ai voulu dire. Je crois que si on eût mis en ma place quelque philosophe on l'eût fait parler avec plus de justesse; mais on a cru qu'un peintre n'y devait pas regarder de si près.

Stentor se préparait à passer au dialogue suivant lorsqu'il lui vint de la part de Pluton un ordre de quitter la lecture et de lui apporter le livre. Il obéit aussitôt et sortit de l'assemblée. Tous les morts dont le nom est inconnu (et c'est le plus grand nombre) furent extrêmement fâchés de voir cette lecture finie. Ils se réjouissaient aux dépens des morts illustres qui étaient intéressés dans ces dialogues. Ils étaient ravis de les y voir maltraités, et pour eux, grâce à leur obscurité, ils ne craignaient rien. Ils étaient bien sûrs que l'auteur ne les attraperait ni dans les histoires ni dans le dictionnaire historique, et qu'ils étaient tout à fait hors de prise d'un homme si dangereux. Ainsi durant que Stentor lisait ils étaient proprement à la comédie, et ils voulurent beaucoup de mal à Pluton qui troublait leurs plaisirs.

Pluton s'était rendu aux prières d'une infinité de morts modernes qui avaient été le conjurer qu'il ne souffrît point qu'on lût les dialogues où ils avaient part. Ils lui avaient représenté que du moins pour les anciens leur réputation était faite, et que le mal qu'on dirait d'eux ne leur ferait pas tant de tort; mais qu'à l'égard des modernes qui n'étaient pas si bien établis il était important qu'on ne prît pas sur leur chapitre des impressions désavantageuses, et que leur gloire, qui ne faisait encore que de naître, était trop faible pour résister à toutes ces plaisanteries. Voilà pourquoi Pluton envoya quérir Stentor et se saisit de son livre dans le dessein de ne le laisser jamais voir à personne; mais comme Stentor était curieux il en avait lu le reste en allant trouver Pluton, et cela fut cause que Pluton l'obligea au secret par les serments les plus redoutables qui se fassent aux enfers; mais à dire le vrai, tous les serments des enfers ne sont pas grand-chose: les morts ne craignent plus de mourir.

Quel respect Stentor s'attira de tous les modernes! Ils allaient lui faire la cour avec grand soin pour l'empêcher de parler et de révéler le mal qu'on pouvait avoir dit d'eux. Quelques-uns convenaient qu'il ne fallait pas nommer ceux qui y avaient part, et le priaient de nommer ceux qui n'y en avaient point; mais Stentor, qui se plaisait de les tenir tous en crainte, gardait fort exactement le silence. Si l'un de ces morts avait querelle contre un autre il lui soutenait tout en colère qu'on n'avait eu garde de manquer à le mettre dans ces dialogues; mais le secret ne put durer fort longtemps.

Un jour David Riccio eut la hardiesse de soutenir à Achille qu'ils avaient été tous deux joueurs de luth mais avec cette différence, qu'Achille s'était amusé à en jouer tandis qu'il eût été question de faire le devoir d'un grand capitaine, et que pour lui il avait quitté le luth pour prendre en main le gouvernement d'un royaume. La dispute alla si loin que les héros de l'*Iliade*, qui en furent avertis, vinrent fondre sur David Riccio dont l'insolence leur donnait en même temps de la surprise et de l'indignation. Stentor y vint avec les autres quoiqu'il ne soit héros que par la force de ses poumons. Il se mit à crier d'un ton redoutable et propre à se faire entendre par tout l'enfer:

—Est-ce là le téméraire qui ose se comparer à Achille? Je veux bien qu'il sache que quoiqu'il ait été Ministre d'Etat on se souvient toujours de son origine, et que dans les *Nouveaux Dialogues* on lui donne un caractère aussi bas qu'au plus misérable violon qui ait jamais été.

David Riccio demeura tout interdit. Il s'était flatté qu'après ses aventures et le rang qu'il avait tenu dans le monde il ne passerait pas pour n'avoir pas eu le courage élevé; et il ne lui fût jamais tombé en pensée que malgré toutes les entreprises ambitieuses qu'il avait faites on le pût dépeindre comme un homme lâche et timide. Achille fut vengé par le trouble et par la confusion de David Riccio; et la Duchesse de Valentinois, qui se trouva là présente, insulta encore à ce malheureux en disant qu'elle n'avait jamais de joie plus sensible que quand elle voyait rabattre l'orgueil de ces sortes de gens à qui la fortune avait fait oublier la bassesse de leur naissance, et qu'elle remercierait volontiers, si elle pouvait, l'auteur des dialogues de ce qu'il avait maltraité David Riccio.

Stentor ne put s'empêcher de répliquer à la duchesse,

—Et remercieriez-vous cet auteur s'il faisait rouler toute votre histoire sur ce que vous avez été une vieille coquette?

—Que voulez-vous dire? reprit-elle en changeant de visage.

—Je veux dire, répondit Stentor, que dans les *Nouveaux Dialogues* vous disputez à Anne de Boulen le prix de la coquetterie et qu'enfin vous l'emportez sur elle parce que vous vous êtes fait aimer toute grand-mère que vous étiez.

—Je me vante donc de mon âge? dit la duchesse. Cela n'est point du tout naturel; les femmes ne veulent point d'un mérite qui soit fondé sur les années.

—Votre auteur ne connaît donc pas bien les femmes, répondit Stentor, car il vous fait bien fière de votre âge.

Molière ne put laisser passer cette occasion de plaisanter sur les vieilles qui conservent encore toutes leurs inclinations galantes et sur les soins que les femmes prennent pour déguiser leurs années. Il traita cette matière si agréablement que Stentor, tout surpris de l'entendre, lui dit:

—Mais ce n'est point ainsi que vous parlez dans les *Nouveaux Dialogues*. Vous y tenez de certains discours de philosophie qui ne valent pas ce que vous venez de dire.

—Des discours de philosophie! s'écria Molière. On se moque. Mon caractère est-il si peu connu qu'on ne puisse pas me faire parler sur des sujets qui me conviennent?

—Je ne sais, répondit Stentor, mais enfin j'aimerais bien mieux vous entendre sur ces vieilles que vous nous dépeignez si plaisamment que sur cet ordre de l'univers dont vous entretenez Paracelse.

Ce fut ainsi que Stentor commença à divulguer le secret, et ensuite il ne se contraignit plus du tout à le garder. Descartes apprit que lui, qui est le père des tourbillons et de la matière subtile, il parlait de colin-maillard, et qu'on le faisait revenir en enfance. Juliette de Gonzague sut qu'elle disait à Soliman des choses qui démentaient assez la pruderie dont elle se piquait. Il n'y eut que Montézume qui fut content. Quand ce Roi du Mexique eut su combien on le supposait habile dans l'histoire grecque et romaine il en conçut tant de vanité qu'il osa disputer contre Tite-Live. Aussi ne suivit-il pas tous ces morts modernes qui allèrent porter leurs plaintes au Roi des Enfers. Ceux dont Stentor avait lu les dialogues s'avisèrent à l'exemple de ces derniers de se plaindre aussi, et la foule fut aussi grande chez Pluton qu'elle l'avait été la première fois. Il fut fâché de se voir engagé de nouveau à un examen si ennuyeux; mais il ne pouvait pas refuser la justice à ses sujets. Du moins il voulut, pour éviter la confusion, que chacun mît ses plaintes par écrit; et quand il les eût reçues toutes, il fut assez étonné de trouver parmi ce nombre une requête dont voici les termes:

A PLUTON

Requête des morts désintéressés

Roi des Enfers : Nous commençons par vous protester que l'on ne parle de nous en aucune manière dans les *Nouveaux Dialogues*. Nous sommes heureusement échappés à l'auteur, soit parce qu'il ne nous a pas connus, soit parce qu'il ne nous a pas jugés propres pour ses desseins; mais nous ne laissons pas de nous intéresser pour le sens commun qui est blessé, à ce qu'il nous paraît, en quelques endroits de ce livre. Permettez-nous de vous les marquer et de vous en demander justice.

Les belles sont de tous pays et les rois mêmes ni les conquérants n'en sont pas.

Est-ce que les belles sont reconnues partout pour belles et que les rois ni les conquérants ne sont pas reconnus partout pour rois ou pour conquérants? Mais qu'une belle Chinoise vienne en Europe, pour voir si l'on l'y trouvera belle avec son visage plat, ses petits yeux et son nez large. Elle s'apercevra bien que les belles ne sont pas de tous pays. Un conquérant chinois qui pourrait venir jusqu'en

Europe s'y ferait assurément bien mieux reconnaître pour un conquérant si la fortune le favorisait; et Alexandre lui-même, dont il est question dans ce dialogue, ne fut-il pas la terreur des Indiens? Phryné n'eût pas été leur charme. Un Grec savait défaire des armées aux Indes comme ailleurs, mais une Grecque n'y eût pas su si bien donner de l'amour. Les goûts pour la beauté sont différents dans les nations, mais dans toutes les nations on cède au plus fort. Ainsi les conquérants sont de tous pays et les belles n'en sont pas.

Les vraies louanges ne sont pas celles qui s'offrent à nous mais celles que nous arrachons.

Cette maxime ne nous paraît pas trop juste. Nous convenons que les louanges qu'on arrache de la bouche de ses ennemis mêmes sont de vraies louanges; mais ce sont de vraies louanges aussi que celles qui sont données par des gens qui ne se font point tant de violence pour les donner. Il n'est point besoin que ceux qui louent ne le fassent qu'à regret. Titus, que l'on avait nommé les délices du genre humain, devait-il donc n'être point flatté de cette louange parce que ses sujets n'avaient point eu de répugnance à convenir qu'il la méritât? Et Attila, était-il mieux loué par ceux qui en l'appelant le fléau de la colère céleste, étaient bien fâchés d'être réduits à le reconnaître pour un grand homme de guerre?[103]

L'ambition est aisée à reconnaître pour un ouvrage de l'imagination; elle en a le caractère; elle est inquiète, pleine de projets chimériques; elle va au-delà de ses souhaits dès qu'ils sont accomplis.

Croirait-on que ce fût par toutes ces qualités que l'auteur prétend distinguer l'ambition d'avec l'amour? Il faut que l'amour soit

---

[103] All editions before that of 1742 include the following passage: "'La nature agit toujours avec beaucoup de règle mais nous ne jugeons pas comme elle agit.' C'est avec cette sentence que Socrate prend congé de Montaigne, mais Montaigne ne devait-il point l'arrêter pour lui en demander l'explication? C'est-à-dire dans le sens de Socrate et par rapport à ce qui précédé que la nature distribue également dans tous les siècles cette douzaine d'hommes raisonnables qu'elle a à répandre par toute la terre? Mais nous ne jugeons pas comme la nature agit: cela veut donc dire que nous ne jugeons pas également; que nous n'imitons pas dans nos jugements cette égalité avec laquelle la nature donne autant d'hommes raisonnables à un siècle qu'à un autre. Mais qu'est-ce que juger également? Qu'est-ce qu'imiter dans ses jugements l'égalité que la nature observe dans cette distribution? Tout cela est sauvé en apparence par le mot de *règle* qui est équivoque et dont l'oreille se contente, mais l'esprit ne s'en contente pas, et au moment que cette expression est développée on s'aperçoit qu'on ne l'entend pas." All later editions omit the passage.

devenu bien tranquille. Il eût aisément passé pour un ouvrage de l'imagination du temps que nous étions vivants car il était inquiet et plein de projets chimériques, et ne se contentait presque jamais. Nous croyons pourtant qu'il n'a pas encore tout à fait changé de nature. L'auteur oppose l'amour à l'ambition, et après qu'il a dit bien du mal de l'ambition nous remarquons qu'il n'oserait rien dire de l'amour. Apparemment si l'amour était reconnu pour une passion si paisible et si douce on n'eût pas manqué de faire bien valoir cet avantage qu'il aurait eu sur l'ambition.

De quelle manière devîntes-vous fou? D'une manière fort raisonnable.

Nous consentons à laisser passer cette pointe pourvu que nous ne la retrouvions pas au bout de dix lignes. *Je fis des réflexions si judicieuses que j'en perdis le jugement.*

Les frénétiques sont si fous que le plus souvent ils se traitent de fous les uns les autres.

Si les frénétiques ne donnaient point d'autre marque de folie nous n'aurions pas mauvaise opinion d'eux. Ce n'est pas être fou que d'appeler fous ceux qui le sont.

Voilà, Roi des Enfers, les endroits les plus considérables dont nous avons cru être obligés de nous plaindre par le seul intérêt de la raison. Il y a parmi nous des morts grammairiens qui voulaient vous importuner d'un assez grand nombre d'expressions qu'ils trouvent à reprendre dans les *Nouveaux Dialogues.* Nous n'avons point été de leur avis. Les critiques qui se font aux enfers doivent être plus solides. Il faut qu'elles roulent sur les choses et non pas sur les mots; et de plus, comme l'auteur change volontiers ses expressions d'une édition à l'autre, nous pourrions prendre de la peine inutilement. Il vaut mieux ne lui pas faire de grâce sur les pensées puisque c'est sur cela qu'il ne se corrige point. Nous attendons vos décisions avec impatience. Faites voir, grand Roi, que vous êtes l'Apollon des enfers et que le Styx vaut bien l'Hippocrène. [104]

Pluton répondit à cette requête de la manière du monde la plus favorable. Il ordonna que tout ce qu'elle critiquait serait tenu pour bien critiqué; et sur les plaintes des autres morts, voici les règlements qu'il fit, de l'avis d'Eaque et de Rhadamanthe:

---

[104] The spring called Hippocrene on Mt. Helicon in Boeotia was sacred to the Muses and Apollo, whereas the River Styx formed the limit of Pluto's realm.

I

Que nonobstant le bien que l'auteur des dialogues dit d'Hérostrate il serait rétabli dans sa mauvaise réputation.

II

Que des amants fidèles ne passeraient point pour être aussi rares que des dieux amants, et que Pauline chercherait d'autres raisons pour justifier son aventure.

III

Qu'il ne serait point permis de railler Homère deux fois, et qu'on ne permettrait point la récidive.

IV

Que Scarron [105] reconnaîtrait publiquement que hors des dialogues il le cédait en tout à Sénèque.

V

Que Molière ne parlerait point de philosophie, ni Descartes de colin-maillard.

VI

Que Montézume ne saurait à fond que l'histoire du Mexique.

VII

Que Galilée n'aurait point dans des dialogues plus d'esprit qu'Apicius.

VIII

Que les femmes ne tireraient point d'avantage de la dangereuse chimie de Raimond Lulle.

---

[105] "Marot" in all editions before that of 1724.

IX

Que Candaule ne serait point d'une humeur si paisible de peur qu'il ne donnât un mauvais exemple aux maris, et que Gigès aurait des idées plus nobles de l'amour.

X

Que Faustine demanderait pardon à Roxelane de l'avoir contredite, et Roxelane à Faustine.

XI

Que Platon ne serait point galant mais seulement philosophe.

XII

Que la Duchesse de Valentinois serait dispensée de se vanter de son âge.

XIII

Que David Riccio pourrait parler quand il voudrait en Ministre d'Etat et ne serait point obligé à n'avoir que des sentiments d'un joueur de luth.

XIV

Qu'on laverait Théocrite de Chio dans le fleuve Léthé pour lui faire perdre la mémoire de ses mauvaises pointes, et que l'on donnerait un an à Parménisque pour s'expliquer, aussi bien qu'à Raphaël d'Urbin. [106]

Ces règlements furent publiés par tout l'enfer avec défense expresse à tous morts de venir encore étourdir Pluton sur cette matière, à moins que quelque vivant ne s'avisât de copier le copiste par de nouveaux dialogues qui méritassent d'être critiqués.

---

[106] Before the edition of 1724 there were fifteen of these decisions, of which number XIII was: "Que Juliette de Gonzague supprimerait ses comparaisons ou avouerait qu'elle ne se fût point accommodée du sérail." This article is omitted from all later editions.

www.ingramcontent.com/pod-product-compliance
Lightning Source LLC
Chambersburg PA
CBHW021840220426
43663CB00005B/340